MERGULHANDO
nos Dons Proféticos

NILCE SOUSA

Texto e Coordenação Editorial
Nilce Sousa
Projeto Gráfico, Diagramação e Capa
Guilherme Sousa
Edição
Andréa Freire Monferrari Queiroz
Regiane Ibernon Prates
Correção e Revisão Final
Eliel Gomes
Marcio Augusto Prates
Regiane Ibernon Prates

S725m SOUSA, Nilce
      Mergulhando nos Dons Proféticos / Nilce Sousa –
1. ed. – Trindade-GO: MCM, 2014.
162 p.

    ISBN - 978-85-63673-73-2
    Inclui bibliografia

    1. Dons espirituais. 2. Amor. 3. Revelações. 4. Sinais e Símbolos. I. Título.

CDU: 159.962.7

Catalogação na publicação por: Onélia Silva Guimarães CRB-14/071

Publicado no Brasil por: MCM Publicações
Rua Santo Antonio, 230 – Bairro Santo Onofre Cep: 75.380-000
Trindade - GO   Brasil Fone: 62 3505-7872

Este livro é o terceiro de uma série composta de três obras, "Mergulhando em Deus", "Mergulhando no Espírito Santo" e "Mergulhando nos Dons Proféticos".

Neles, relato o meu crescimento pessoal e maturidade. Foram muitos anos buscando conhecer o Espírito Santo, mais e mais, a cada dia, mês e ano. Não o vejo como ministério, mas como estilo de vida. Algo que realmente move o meu coração. É como o ar que respiro. Estar sem Ele é como ficar sem um pedaço de mim mesma.

Que as páginas destes materiais possam levá-lo a querer conhecê-lo mais do que a você mesmo.

Nunca se vanglorie do que já tem do Senhor, pois Ele é um rio de águas vivas que nunca secam. Seja o que for que você tenha, ainda é pouco perto da sua dimensão.

Com carinho,

Nilce Sousa

Índice

Encerrando com esta obra, "Mergulhando nos Dons Proféticos", a série dos três livros em que proponho uma analogia entre vida com Deus e a atividade de mergulho, quero fazer um agradecimento muito especial a todos os que têm orado pela minha vida, família e ministério.

A minha gratidão é em relação aos intercessores que conheço e aos que nem imagino que dobram os joelhos em meu favor. Sem eles, definitivamente, não seria possível concluir mais esta obra e muito menos ter chegado até aqui, no lugar onde a misericórdia do Senhor tem me colocado.

Estendo o meu agradecimento à minha família, bem como aos irmãos que, no início do meu ministério, acreditaram em mim. E aos que me apoiam hoje e me incentivaram a escrever mais um livro. Quero ainda registrar a minha gratidão à equipe que caminhou comigo na edição e produção deste material.

Espero e sei que é o pensamento daqueles que trabalham comigo – que este livro possa contribuir para o fortalecimento espiritual dos leitores e oferecer ferramentas sólidas aos que reconhecem ou estão descobrindo os dons proféticos nas suas vidas.

Oriento: antes de ler este livro leia os livros anteriores da série, principalmente o que se refere ao Espírito Santo. Os dons ensinados neste material são e sempre serão dEle.

Tenho coração muito grato a todos da MCM que acreditam e investem neste ministério, como o pastor José Rodrigues, a pastora Lily, e todos os pastores da diretoria e obreiros da missão. Valeuuu de coração!

E não poderia deixar de agradecer ao Dan Duke e à sua equipe (Escritório Uma Chamada para as Nações), que, gentilmente, permitiram que reproduzíssemos aqui o "Manual dos Números Bíblicos", de sua autoria. Tal acréscimo contribuiu sobremaneira para o conteúdo deste material.

Ao escrever "Mergulhando nos Dons Proféticos", percebi que, para entendê-lo, seriam necessários outros conceitos, que estão contidos nos livros anteriores da série. Não poderia começar essa obra sem ter passado pelo "Mergulhando em Deus" e pelo "Mergulhando no Espírito Santo", todos da MCM Publicações.

Primeiramente, é necessário saber que os dons proféticos pertencem ao Senhor. Nunca vamos ter controle sobre tais. Eles não são utilizados como uma varinha de condão. Somos apenas vasos e precisamos entender de que tipo, já que existem vários. Uns são de ouro, outros de prata e outros de bronze, que nunca podem ser usados pelo Pai, pois têm brilho próprio. Devemos ser como os de barro nas mãos do oleiro, para manifestar a sua glória.

Os dons proféticos pertencem ao Espírito Santo. Por isso, é importante sermos cheios da sua presença, vivermos na sua unção e caminharmos em seu poder. O Senhor se comunica conosco através dEle. O grande desafio é discernirmos a sua voz, já que fala de várias maneiras.

MERGULHANDO NOS DONS PROFÉTICOS

caminharmos em seu poder. O Senhor se comunica conosco através dEle. O grande desafio é discernirmos a sua voz, já que fala de várias maneiras.

Fomos criados para falarmos com o Pai. O propósito de nossa criação foi o de sermos seus amigos, filhos e herdeiros

Capítulo 1

Quem pode se mover nos dons proféticos?

Quando Deus criou o mundo e todas as coisas, fez o homem à sua imagem e semelhança e priorizou ter relacionamento pessoal com ele. Diariamente, na viração do dia, passeava na terra para falar com Adão. Isso ficou impresso na natureza humana. Fomos criados para falarmos com o Pai. O propósito de nossa criação foi o de sermos seus amigos, filhos e herdeiros.

Desde o princípio, Deus vem se comunicando com a humanidade e um sinal de que o relacionamento entre o Pai e o homem não está bem é quando Ele para de falar. Historicamente, segundo os registros bíblicos, o Senhor ficou sem falar por 400 anos. Porém, durante esse tempo, preparava tudo para que as pessoas tivessem contato com a sua maior expressão: Jesus!

O Pai decidiu com o Filho e o Espírito Santo que haveria a remissão dos pecados da humanidade, uma vez que estes são os principais fatores de obstrução da comunicação entre Deus e ela. Depois de consumado o plano, o Consolador viria habitar dentro do homem. Estando em seu interior, falaria com ele o tempo todo.

O Senhor Soberano, o Pai é comunicador e tudo o que Ele faz é pela Palavra, que é o próprio Jesus, o Verbo de Deus. A criação veio por esse intermédio. As coisas passaram a existir quando Ele disse: "Haja!" Tudo é por meio dEle. Como está escrito:

"No princípio, criou Deus o céu e a terra. E a terra era sem forma e vazia; e havia trevas sobre a face do abismo; e o Espírito de Deus se movia sobre a face das águas. E disse Deus: Haja luz. E houve luz."

Gênesis 1:1-3

"A quem constituiu herdeiro de tudo, por quem fez também o mundo."

Hebreus 1:2

Para entendermos a nossa criação, vamos dar o exemplo do peixe. Ele foi criado para viver dentro da água; nunca vai conseguir viver na terra em definitivo. Consegue sobreviver por um determinado instante, se debatendo, mas isso dura poucos minutos. Da mesma forma somos nós. Até conseguimos ficar sem falar com Deus por certo tempo, mas não por um longo período.

Por esses motivos, o Senhor estabeleceu a sua comunicação conosco pelo Espírito Santo. E, através do batismo de fogo, recebemos os dons proféticos, os quais Ele usa para edificar o corpo de Cristo e para falar com a sua noiva, a Igreja.

Este é um alicerce soberano, é a própria vida de Deus em nós, pois Ele é amor

Capítulo 2

Amor, o alicerce de todos os dons

"Ainda que eu falasse as línguas dos homens e dos anjos e não tivesse amor, seria como o metal que soa ou como o sino que tine. E, ainda que tivesse o dom de profecia e conhecesse todos os mistérios e toda a ciência e ainda que tivesse toda a fé, de maneira tal que transportasse os montes, e não tivesse amor, nada seria. E, ainda que distribuísse toda a minha fortuna para sustento dos pobres e ainda que entregasse o meu corpo para ser queimado e não tivesse amor, nada disso me aproveitaria."

1 Coríntios 13:1-3

Antes de falarmos sobre qualquer outro dom, precisamos aprender sobre o amor. Este é um alicerce soberano, é a própria vida de Deus em nós, pois Ele é amor. Se não o conhecemos, não podemos afirmar que conhecemos ao Pai. Na nossa caminhada, podemos fazer tudo, até dar os nossos corpos para serem queimados, mas, se não for por amor, nada vale para o Senhor.

"E nós conhecemos e cremos no amor que Deus nos tem dado. Deus é amor e quem está em amor está em Deus e Deus nele".

1 João 4:16

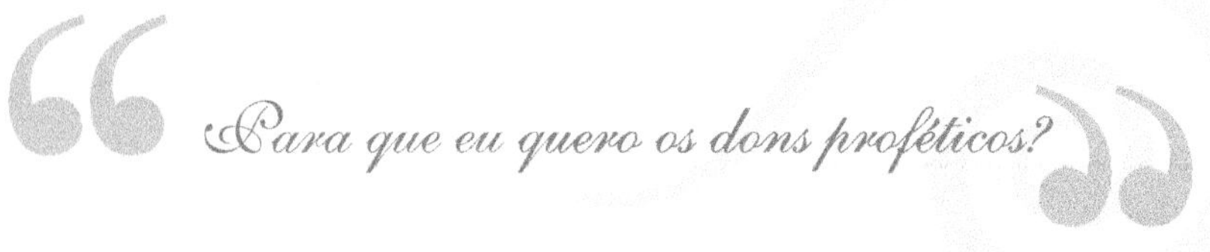

Como Igreja, temos estudado e queremos nos mover nos dons proféticos. Mas tudo o que fizermos, tudo o que orarmos, em todos os dons que nos movermos, sejam eles quais forem (cura, profecia, palavra de sabedoria, etc.) precisa ser pelo amor. Se não for por amarmos as pessoas, seremos como um sino que retine e de nada valerá. A pergunta que devemos fazer é: "Para que eu quero os dons proféticos?"

Entre a fé, a esperança e o amor, este último é o maior de todos. Assim, entendemos que, sem ele, não adianta ter fé como um grão de mostarda e transportar os montes. Existe um livro com o nome "Um Rio Chamado Amor", da pastora Juliana Rodrigues (MCM Publicações), que recomendo para todos os que querem se mover nos dons. Esta obra nos ensina sobre a dimensão do amor, pois foi por ele que Deus deu o seu Filho para morrer em nosso lugar.

"Mas o fruto do Espírito é amor, gozo, paz, longanimidade, benignidade, bondade, fidelidade, mansidão, temperança. Contra essas coisas, não há lei. E os que são de Cristo crucificaram a carne com as suas paixões e concupiscências. Se vivemos no Espírito, andemos também no Espírito."

Gálatas 5:22-25

Se entendermos esse princípio, ficará mais fácil lidarmos com os dons e aprendermos os perigos que há neles.

Palavra de conhecimento, palavra de sabedoria, discernimento de espírito e dom de profecia, constituem o que chamamos de dons proféticos.

Capítulo 3

Dons Proféticos

No livro de I Coríntios, temos a relação de nove dons espirituais diferentes. Alguns teóricos fazem uma divisão simples e separam três que podem ser considerados de revelação, são eles: palavra de conhecimento, palavra de sabedoria e discernimento de espírito. Estes três mais o dom de profecia, constituem o que chamamos de dons proféticos.

"Ora, há diversidade de dons, mas o Espírito é o mesmo. E há diversidade de ministérios, mas o Senhor é o mesmo. E há diversidade de operações, mas é o mesmo Deus que opera tudo em todos. Mas a manifestação do Espírito é dada a cada um para o que for útil."

1 Coríntios 12:4-7

"Porque a um, pelo Espírito, é dada a palavra de sabedoria; e a outro, pelo mesmo Espírito, a palavra de conhecimento; e a outro,

pelo mesmo Espírito, a fé; e a outro, pelo mesmo Espírito, os dons de curar; e a outro, a operação de maravilhas; e a outro, a profecia; e a outro, o dom de discernimento de espíritos; e a outro, a variedade de línguas; e a outro, a interpretação das línguas. Mas um só e o mesmo Espírito opera todas essas coisas, repartindo, particularmente, a cada um como quer."

1 Coríntios 12:8-11

A Bíblia no esclarece que o próprio Deus sabe perfeitamente que dom entregar e manifestar na vida de cada um. Ele é quem determina isso. Porém, nada nos impede de pedirmos o que queremos ao Senhor, que, aliás, nos incentiva a fazê-lo. É o que está escrito em umas das cartas paulinas:

Segui o amor e procurai, com zelo, os dons espirituais, principalmente o de profetizar.
1 Coríntios 14:1

O Que é Profecia?

Profecia é quando alguém, inspirado pelo Senhor, fala a outros, com o objetivo de edificar, encorajar e consolar

Profecia é quando alguém, inspirado pelo Senhor, fala a outros, com o objetivo de edificar, encorajar e consolar. Profetizar também é ouvir o que Deus está falando e transmitir o que se recebeu dEle. Isso não acontece somente quando alguém vai à frente da congregação e se dirige aos outros. Trata-se, aqui, de todas as expressões que edificam e encorajam a Igreja, como está escrito na carta de Paulo:

"Mas quem profetiza o faz para edificação, encorajamento e consolação dos homens."

1 Coríntios 14:3

> *Outro instrumento de voz profética é a ministração de artes, como louvor, dança e teatro. O Espírito Santo se move como quer para se comunicar conosco*

Em meu entendimento, Deus não fala em profecia na igreja apenas através de um profeta que se levanta para declarar algo à congregação, embora eu creia nesse tipo de manifestação. Mas acredito que a principal forma de profecia seja a pregação. Outro instrumento de voz profética é a ministração de artes, como louvor, dança e teatro. O Espírito Santo se move como quer para se comunicar conosco. As suas expressões são ilimitadas e onde Ele está, há liberdade para o Pai falar em nosso meio. Devemos ser gratos por tudo isso, que nos leva ao entendimento da vontade do Senhor.

"Não havendo profecia, o povo se corrompe; mas o que guarda a lei, esse é bem aventurado."

Provérbios 29:18

Em relação ao ministério profético, existem muitas dúvidas. Alguns irmãos acreditam que essa era uma manifestação apenas para o Antigo Testamento e que, hoje, Deus não fala mais diretamente aos homens. Há vários questionamentos se, nos dias contemporâneos, ainda são levantados profetas. Outras perguntas feitas são: "Se eles estiverem em pecado, qual a eficácia da profecia?"; *"O Pai não pode se comunicar conosco sem intermediários?"; "Se estivermos pecando, o Senhor falará conosco?"*

Creio que, ainda nos dias de hoje, necessitamos de exortação, encorajamento e correção. E, se precisarmos de tais coisas, o Senhor poderá, sim, se utilizar de expressões proféticas para falar conosco. Ainda que alguém esteja no pecado. Aliás, isso nunca foi impedimento para Deus se comunicar com os seus filhos. Ele sempre buscou uma forma para se expressar. Foi assim com a sarça, com a mula de Balaão, além de que, depois, o próprio Moisés foi tomado por profeta, sem contar outros exemplos.

Pastores Fora do Propósito

Em determinada ocasião, um casal de pastores, após dias de decepções, se afastou da presença de Deus. Os dois pararam de ir à igreja e não ouviam mais a sua Palavra. Falar sobre o Evangelho com eles era algo impossível. Mesmo sendo conhecedores, não aceitavam. Então, mudaram de cidade e foram para um lugar que poucos os conheciam. Saiam à noite, bebiam, dançavam e fumavam.

Isso aconteceu até Deus resolver chamá-los novamente e de uma forma que não teria como duvidar de que se tratava dEle. Se o Senhor falasse através de seus profetas, poderiam pensar que alguém os havia enviado. Então, o Pai fez da sua maneira.

Em uma tarde, os dois caminhavam, de mãos dadas, em frente a uma panificadora. Ao olharem na calçada, havia um homem embriagado, envolto em um cobertor, dormindo. Tamanho susto foi quando, passando ao seu lado, o homem se levantou rapidamente e disse: *"Volte para a minha casa hoje! Eu os estou chamando novamente! Não os mandei abandonar o chamado que tenho para vocês!"*

O mendigo voltou a dormir, como se nada tivesse acontecido. Os pastores começaram a chorar ali mesmo, na rua. Logo à frente, havia uma loja evangélica, na qual entraram e, chorando, pediram que orassem com eles. Queriam, desesperadamente, voltar ao Evangelho.

Deus usa quem quer para falar conosco. Se precisar, se valerá de mulas, inclusive hoje, para falar com os seus escolhidos. No caso desses dois pastores, não adiantaria falar através de homens comuns e engravatados. Talvez, não acreditassem. Então, o Senhor usa *"os que não são para confundir os que são"*, como propõe 1 Coríntios 1:28.

O fato de Deus usar um animal não o torna um profeta. No episódio da mula de Balaão, as Escrituras não relatam que ela continuou a falar após aquele episódio. Foi usada pelo Senhor na repreensão ao profeta e, depois disso, continuou a ser uma criatura como todas as outras.

"E, vendo a jumenta o Anjo do Senhor, deitou-se debaixo de Balaão; e a ira de Balaão acendeu-se e espancou a jumenta com o bordão. Então, o Senhor abriu a boca da jumenta, a qual disse a Balaão: Que te fiz eu, que me espancaste estas três vezes? E Balaão disse à jumenta: Porque zombaste de mim; tomara que tivera eu uma espada na mão, porque agora te mataria. E a jumenta disse a Balaão: Porventura, não sou a tua jumenta, em que cavalgaste desde o tempo que eu fui tua até hoje? Costumei eu alguma vez fazer assim contigo? E ele respondeu: Não."

Números 22:27-30

> *As motivações do coração deles não os deixavam ouvir o Senhor falar de maneira mais comum*

O fato de Deus usar o mendigo naquele momento da vida do casal afastado de sua presença não o tornou um profeta. Deitou-se e continuou a ser um morador de rua. Assim como Balaão, aqueles pastores estavam cegos pelos desejos do mundo. As motivações do coração deles não os deixavam ouvir o Senhor falar de maneira mais comum. Por isso, Ele resolveu se expressar de forma sobrenatural.

> *Se conseguirmos ter esse entendimento, se tornará fácil saber que o ministério não é nosso através do Espírito Santo, mas do Espírito Santo através de nós*

Através desses exemplos, aprendemos também que o fato de Deus usar alguém não o torna especial. Temos a compreensão de que somos apenas vasos nas mãos do oleiro e a pessoa que Ele queria usar naquele momento para abençoar os seus escolhidos. Se conseguirmos ter esse entendimento, se tornará fácil saber que o ministério não é nosso através do Espírito Santo, mas do Espírito Santo através de nós.

PALAVRA DE CONHECIMENTO

A palavra de conhecimento é uma revelação específica sobre uma pessoa, um espaço geográfico ou circunstâncias, que não foi obtido por meios naturais. É uma compreensão sobrenatural a respeito desses assuntos. Um exemplo de como este dom se manifesta está na passagem da samaritana.

> *A samaritana não somente confirmou o que Ele falou, como também reconheceu que era algo sobrenatural e o recebeu como profeta.*

Até o encontro no poço, Jesus não conhecia aquela mulher. Mas, naquele dia, de alguma forma, recebeu em seu espírito a situação em que ela estava. O Mestre descreveu, com exatidão, a sua vida conjugal e o seu passado. A samaritana não somente confirmou o que Ele falou, como também reconheceu que era algo sobrenatural e o recebeu como profeta.

"Disse-lhe Jesus: Vai, chama o teu marido e vem cá. Ao que lhe respondeu a mulher: Não tenho marido. Replicou-lhe Jesus: Bem disseste: Não tenho marido; porque cinco maridos já tiveste e esse que agora tens não é teu marido; isto disseste com verdade. Senhor – disse-lhe a mulher – vejo que tu és profeta."

João 4:16-19

Este dom, naturalmente, atrai as pessoas. Ele é até curioso para quem nunca viu tal manifestação. Porém, é uma estratégia do próprio Deus para se expressar àqueles a quem deseja alcançar. Quando alguém é interpelado pela palavra de conhecimento, é impactado pelo que o Senhor fala. Tal como a mulher de Samaria, muitos têm as suas vidas mudadas, passando de pecadores a anunciadores do Evangelho.

Manifestação do dom na Igreja

Conheci uma irmã que, durante a mensagem que ministrava na igreja, parava e tinha revelações a respeito daqueles que estavam participando do culto. Na maioria das vezes, as pessoas se levantavam chorando. Não eram todos os dias que acontecia essa manifestação. Mas eu amava quando havia esse mover.

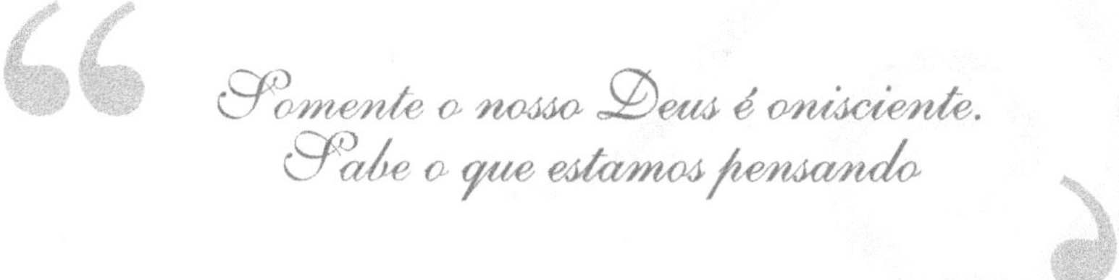

Somente o nosso Deus é onisciente. Sabe o que estamos pensando. O nosso adversário joga dardos inflamados, mas, de fato, apenas o Senhor sabe de todas as coisas. O que falamos, pode ser que alguém tenha ouvido, gerando, assim, dúvida em nossa mente. Mas os pensamentos são insondáveis para os homens e para o inimigo. Dessa maneira, quando acontece esse tipo revelação, não temos dúvidas de que se trata do Espírito Santo.

Em uma das vezes que o Senhor se manifestou pela vida dessa mulher, ela disse: "Você que está se preparando para ir embora, comprou remédios para tomar e deixar essa terra. Veio na igreja para se despedir de Deus e provar o amor dEle por você...". E continuou a falar. No meio do que estava dizendo, um moço se levantou e a sua esposa, ao lado, abaixou a cabeça. Todos entenderam que era ele. Juntos, de mãos dadas, choravam, presenciando a manifestação do dom. A igreja toda ficou paralisada e maravilhada com o amor e a graça do Pai com aquela família.

O conhecimento dos detalhes surpreendia. O Senhor revelou desde o remédio comprado ao local onde se encontrava. Ele usou a sua serva para falar sobre o planejamento de dar término à vida e os pensamentos de morte. Lembro-me que aquele casal permaneceu participando dos cultos. O homem morrera um tempo depois, de forma natural. Naquele dia, a manifestação do dom levou não só a ele, mas toda a sua família a crer no poder de Deus.

Oração no monte

Em Caldas Novas (GO), cidade em que nasci (fisicamente e espiritualmente), tínhamos o costume de ir ao monte à noite para buscar a Deus em orações. Sempre compartilhávamos o lugar com irmãos de várias congregações.

Certa noite, estava muito escuro e todos iam chegando e pegando nas mãos uns dos outros, formando uma grande roda. Estávamos adorando ao Senhor quando chegaram mais dois carros com algumas pessoas. Terminamos o louvor e passamos aos momentos de orações. Quando já estava quase no término da reunião, o líder deu a oportunidade para aquela irmã, que era uma pastora.

Assim que foi lhe dada a palavra, se dirigiu a uma outra mulher. Não dava para ver quem era. Fazia muito frio e quase todos estavam com a cabeça coberta. Ela começou falando de sua situação financeira, sobre o seu celeiro, deu-lhe palavras de ânimo e de consolo em relação aos seus três filhos. A irmã que recebia a oração terminou de ouvir no chão, em grande pranto.

Terminado, ela saiu em direção a um grupo de irmãos do outro lado da roda. Colocou a mão direita no peito de um deles e começou a falar sobre porta de emprego e cancelou algumas coisas sobre sua vida pessoal e espiritual. Disse ainda que o tempo de briga cessava e terminou com uma palavra de ânimo: "Deus está indo, agora, com cura sobre a vida do seu filho mais novo, que você deixou na cama, aos cuidados de outra pessoa, para vir aqui. Ele recebe a cura agora!"

A mulher terminou de orar com eles e voltou para o seu lugar, calada. Não falou com mais ninguém, nada mais. O pastor que dirigia a reunião tomou a frente e foi encerrando. Então, aquela irmã que estava ao chão se levantou e foi até o moço do outro lado da roda e pegou em seus braços. Ambos se dirigiram ao centro, dizendo que eram marido e mulher e que pastoreavam outro ministério. Eles confirmaram tudo e, assim, glorificaram o nome do Senhor. Reforçaram que a pastora não os conhecia. E, mesmo que os conhecesse, naquele escuro e com aquelas roupas, não daria para reconhecê-los.

Os detalhes, naquela noite, nos surpreenderam. A situação

que os pastores estavam passando, o filho enfermo e os pensamentos do coração foram a prova da manifestação do dom de conhecimento. Eram coisas muito pessoais, que só aqueles que estavam enfrentando sabiam. E experimentaram o cuidado de Deus em separá-los ali, com Ele. É como o pai que recebe o filho em casa para aconselhá-lo.

PALAVRA DE SABEDORIA

A palavra de sabedoria é uma revelação da vontade, do plano ou do propósito de Deus para uma situação específica. É uma orientação sobre o que devemos fazer, como e quando deve ser feito. Para entendermos melhor, vejamos o exemplo de Paulo:

"Varões, vejo que a navegação há de ser incômoda e com muito dano, não só para o navio e para a carga, mas também para a nossa vida."

Atos 27:10

O apóstolo teve uma impressão no seu espírito de que não deveriam seguir viagem. Porém, a Bíblia relata que a tripulação confiava mais no seu capitão do que no homem de Deus e eles seguiram. Quando o navio ficou em perigo, Paulo recebeu a visita de um anjo, que lhe prometeu proteção para todos os que estavam a bordo.

> *A palavra de sabedoria funciona dessa forma, revelando o plano de Deus para determinadas circunstâncias, ensinando o que fazer e o que não fazer*

Assim que a tempestade começou a ameaçar-lhes a vida, todos queriam se salvar, tomando decisões precipitadas e perigosas. O apóstolo, então, passou a dar-lhes conselhos e direções de como se comportarem naquela situação. Ao se convencerem do que Paulo falava, foram salvos. A palavra de sabedoria funciona dessa forma, revelando o plano de Deus para determinadas circunstâncias, ensinando o que fazer e o que não fazer.

Gosto diferente

Vou relatar, agora, a história de uma irmã que havia sido internada com crise respiratória. Ela não entendia o motivo de estar lá, já que, por anos, teve o problema e nunca foi preciso ficar dias em um hospital. Certa tarde, chegou uma senhora acompanhando uma adolescente. De vez em quando, lhe pedia para que desse uma olhada na garota e saia para a parte externa da unidade de saúde. Assim aconteceu várias vezes, até que, ao sentar um pouco para descansar, começou a lhe dizer, espontaneamente, o que estava indo fazer do lado de fora.

- Já fiz de tudo para parar de fumar e não consigo! Estou indo lá para fumar. Fiz campanha na igreja, ungi as minhas roupas, paguei promessa, entre outras coisas - falou ela.

Realmente, largar o vício parecia impossível aos seus olhos. Até pegar o dinheiro do cigarro e levar na igreja para ungir ela havia feito. A irmã estava meio sem saber o que lhe dizer, quando o Espírito Santo trouxe uma palavra de sabedoria. Então, perguntou:

- O que não gosta de comer? O que, ao sentir o cheiro, lhe dá enjoo?

- Peixe! - respondeu, sem nem mesmo pensar - Não consigo

sentir esse cheiro. Se eu for a algum lugar e o odor de peixe ficar em minha roupa, tenho que chegar em casa e ir logo tomar banho!

A irmã, então, instruiu à senhora que, dali em diante, deveria dar comandos ao cérebro de que aquele cigarro era um peixe, tinha gosto e cheiro de peixe.

A mulher sorriu e disse:

- É. Assim não vou mais querer fumar!

Aquela era uma direção que o Espírito Santo estava lhe trazendo. De fato, não tem como compararmos um cigarro com um peixe. A senhora, então, começou a sair e voltar rápido, até que parou de se ausentar. Na manhã seguinte, ao conversarem, mostrou o maço cheio de cigarros e disse não ter conseguido fumar, por causa do gosto e cheiro de peixe.

Desde a conversa que tiveram, ela só tinha conseguido fumar a metade de um cigarro e, no tempo normal, já teria fumado todo o maço. Já não queria nem ir tentar fumar, por causa do peixe. Uma instrução, uma direção dada pelo Senhor mudou a história daquela mulher. Depois disso, a irmã, de imediato, saiu do hospital e entendeu o propósito de Deus.

DISCERNIMENTO DE ESPÍRITOS

O discernimento de espíritos é um dom fundamental para qualquer pessoa que deseja viver o seu ministério seriamente. Ele é a habilidade sobrenatural de reconhecer e distinguir a atmosfera espiritual de um ambiente. A palavra "discernir" significa "ver ou conhecer distintamente" e ainda "diferençar, discriminar, identificar, avistar, ouvir duas ou mais coisas".

É através dele que um ministro identifica a unção em um culto e o propósito daquela reunião

Por muito tempo, fomos ensinados que este dom servia ao ministério de libertação, ou seja, no caso de identificação de manifestações demoníacas na vida das pessoas. De fato, é uma das suas funções, mas não se trata apenas disso. É através dele que um ministro identifica a unção em um culto e o propósito daquela reunião. É também por ele que percebemos as ações de anjos a serviço do povo de Deus.

O apóstolo Paulo se deparou com uma situação em que precisou utilizar-se desse dom. Veja a seguir:

"Seguindo a Paulo e a nós, clamava, dizendo: Estes homens são servos do Deus Altíssimo e vos anunciam o caminho da salvação. Isso se repetia por muitos dias. Então, Paulo, já indignado, voltando-se, disse ao espírito: Em nome de Jesus Cristo, eu te mando: retira-te dela! E ele, na mesma hora, saiu."

Atos 16:17-18

Quando Paulo manifestou o dom de discernimento, proclamou libertação para uma mulher opressa e trouxe a verdade no lugar da mentira

Satanás usava aquela jovem para enganar e ludibriar pessoas e ainda a fazia de escrava, pois a Bíblia relata que ela possuía senhores que tiravam lucro de sua situação. Quando Paulo manifestou o dom de discernimento, proclamou libertação para uma mulher opressa e trouxe a verdade no lugar da mentira.

Identificando demônios

Uma pastora conhecida tem esse dom muito nítido em relação a espíritos. Ela diz que não os vê, mas os sente e os identifica pelo cheiro. Um dia, fomos com um grupo de jovens a uma festa secular para evangelizar. Ao passar por um lugar próximo ao mato, fez o seguinte comentário: "Tem demônio de prostituição aqui!"

Todos ficaram calados no carro. Ao chegar ao local, um jovem bem sem graça abordou a pastora e contou que as casas ao lado de onde passávamos eram de prostituição. Ela permaneceu calada, andando em oração, durante o evento. Quando chegavam os líderes principais, a irmã mostrava onde eles estavam e dizia: "Aqui, na beira do lago, tem demônio de vício! Sinto o cheiro de drogas e a presença dele!"; "O demônio de bebida está um pouco acima, ali...".

Aquela verdade era tão real para ela que chegava a pensar que os outros poderiam sentir o que estava sentindo. Um dia, no carro, ao passar por uma equina, disse:

- O demônio de acidente está aqui nessa esquina!

Todos, mais uma vez, se calaram, até que uma obreira que morava perto dali comentou:

- Tem acontecido muitos acidentes aqui nos últimos dias...

- Não estarei aqui amanhã com vocês em oração. É preciso que ore aqui e consagre ao Senhor. Pode fazer isso?

A obreira concordou e, daquele dia em diante, não se ouviu sobre acidentes no lugar. O dom sobrenatural da pastora interferiu em coisas naturais e, assim, edificou a vida de muitas outras pessoas.

Nos cultos, ela era uma das primeiras a identificar a unção, a presença da manifestação da glória de Deus, dos anjos. E dizia que discernia quando era o Pai, o Filho ou o Espírito Santo que estava se manifestando. Sempre compartilhava que a operação do dom não se dava quando queria, mas quando o Senhor determinava. Embora não pudesse ver, Ele a deixava sentir.

Espírito humano

Participávamos de um jantar de comunhão da igreja quando uma irmã foi chamada para expulsar o demônio de um rapaz que estava se jogando na frente dos carros. Ela ligou para um pastor amigo, que possuía o dom específico para lidar com esse tipo de situação. Quando chegamos lá, já havia se passado quase duas horas que lutavam com o problema. A família estava dentro de casa e o homem encontrava-se com as roupas bem sujas.

Pare de assustar a sua mãe,
senão vai se ver comigo!

O rapaz estava ao chão, fazendo muito barulho. Ninguém se apressou em fazer qualquer coisa. Continuamos ali por alguns instantes, até que o Espírito Santo trouxe o discernimento ao pastor. Ele colocou a mão sobre a sua cabeça, o chamou pelo nome e ordenou, sussurrando ao seu ouvido: "Pare com isso, agora, em nome de Jesus! Pare de assustar a sua mãe, senão vai se ver comigo!"

Todos levaram um susto. Não conseguiam acreditar no que o pastor havia dito ao rapaz. Mas ele melhorou na hora. O discernimento de espíritos foi fundamental nessa situação, pois todos imaginavam ser demônio quando o jovem só estava chamando a atenção da família.

Estes são exemplos de como funciona e como é recebida e reconhecida a manifestação dos dons. Ao falar deles, não quis entrar em questões escatológicas, mas apenas dar uma ênfase à sua importância no ministério profético, de como são fundamentais quando precisamos lidar com expressões, sendo elas de Deus ou não.

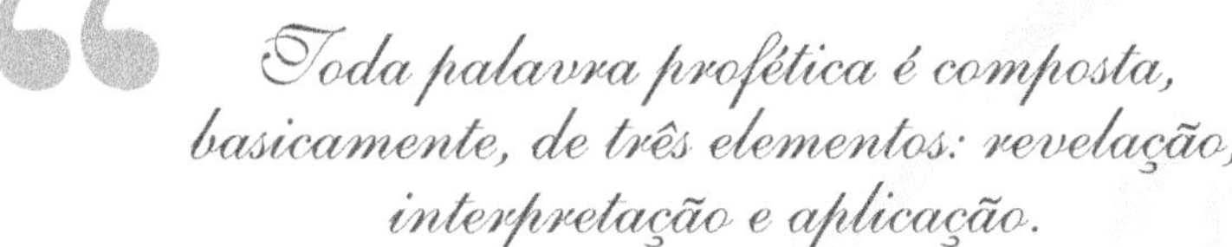

Toda palavra profética é composta, basicamente, de três elementos: revelação, interpretação e aplicação.

Capítulo 4

Elementos da Profecia

Para compreendermos melhor sobre como a profecia acontece, é necessário termos claro que ela é um conjunto de fatores. Gosto de me utilizar do conceito que Martin Scott usa em seu livro "Abraçando o Amanhã - Passos para Caminhar nos Dons Proféticos Realizando os Propósitos de Deus" (Jehová Shammah Publicações). Ele fala que toda palavra profética é composta, basicamente, de três elementos: revelação, interpretação e aplicação. Tentaremos construir um conceito à luz desse entendimento.

O que você viu, ouviu ou recebeu?

Revelação: É uma informação espiritual a respeito de algum assunto ou circunstância. Algumas vezes, se manifesta em linguagem figurativa, pois pode vir através de sonho, visão ou impressão no espírito. Martin Scott fala que ela é a parte da profecia que responde ao seguinte questionamento: "O que você viu, ouviu ou recebeu?" Este elemento precisa ser interpretado, pois somente como informação isolada, provavelmente, não terá utilidade.

> *O que Deus está dizendo?"*
> *ou "O que isso significa?*

Interpretação: É o entendimento e a compreensão do significado da figura de linguagem ou impressão no espírito dados por Deus. Segundo Scott, essa é a parte da profecia que responde a perguntas como "O que Deus está dizendo?" ou "O que isso significa?" Este elemento é fundamental. Sem ele, é irresponsável entregar a quem quer que seja uma palavra profética. É necessário buscar em Deus a interpretação para, então, repassá-la.

> *O que vamos fazer, sabendo disso?*

Aplicação: É a forma prática de receber o que está sendo profetizado. É o entendimento de como se utilizar da revelação e interpretação que recebemos. Corresponde a: "O que vamos fazer, sabendo disso?" Porém, apesar de ser um dos três elementos da profecia, não compete ao profeta aplicar no cotidiano de quem recebe a palavra. Ele apenas orienta e aquele que recebeu é responsável em obedecer ou administrar o que foi declarado.

Manifestação da profecia no ministério

Dentre os dons proféticos, o mais comentado na igreja é, com certeza, a Palavra de Deus, através da profecia dita. Porém, com o passar do tempo, contemplamos o Espírito Santo profetizando através de diferentes ministérios na congregação. Eu mesma pude presenciar muitas manifestações dessa natureza no decorrer da minha caminhada cristã.

Um exemplo destas experiências aconteceu na década de 80, no Ministério de Jovens. O grupo era muito dinâmico. Sempre estava fazendo coisas novas e interessantes, que ninguém fazia anteriormente. A líder era uma pessoa separada em Deus e apaixonada pelo Espírito Santo. O dom de profecia se manifestava em seu ministério de várias maneiras. Citaremos alguns:

Músicas: A líder era uma pessoa que nada conhecia de instrumentos musicais, mas, quando os jovens se reuniam, era tomada pelo Espírito Santo. O Senhor dava melodias e arranjos, como se a moça entendesse sobre o assunto. Então, se levantou um grupo para tocar nos cultos e evangelismos. Ela passou a acompanhar os seus ensaios, trazendo sempre uma nova canção.

Danças: O grupo também foi levado pelo Espírito a profetizar através da dança. Tudo o que aquelas pessoas faziam era sob a direção de Deus. Sempre estavam se preparando para um trabalho novo. As roupas eram muito diferentes. O Senhor lhes mostrava, através do dom, o que deveriam criar. Eles recebiam orientação sobre o tipo de pano, as cores, como costurar, os assessórios, que música colocar, etc. Oravam e o Pai respondia, com revelação, como e o que fazer.

Teatros: O grupo de jovens do qual estamos falando sempre gostava de fazer coisas novas para o culto. Algumas vezes, a líder chegava a eles e dizia: "O Espírito Santo não me deixou dormir enquanto não levantei e anotei essa peça de teatro!" Quando apresentavam, toda a igreja celebrava com eles. Não havia dúvidas de que era a manifestação do dom profético agindo na congregação. Dificilmente, uma peça não era apresentada nas ruas ou no culto principal.

Livros: Eu já havia presenciado as profecias de várias maneiras, mas fiquei maravilhada ao ter o privilégio de vê-la na literatura. O Senhor manifesta-se desta forma também, derramando palavras ao coração de alguém, como uma música, porém com muito mais linguagem e argumentos, até que se forme um livro.

Quando Deus começou a expressar-se assim em minha vida, acreditei que era um material somente pela necessidade do momento. Com o tempo, fui aprendendo a lidar com a manifestação e várias outras foram surgindo. Pode ser que seja fácil para uma pessoa de boa formação, culta e inteligente escrever, mas, para quem não tem esses requisitos é por dom de Deus que se faz.

Entendemos que escrever profeticamente não tem nada a ver com a formação de alguém. É pela graça de Deus. Paulo era culto e foi extremamente usado nos dons proféticos. Isso se manifesta na vida da pessoa da maneira que o Senhor deseja. Mas é necessário que quem o expressa cumpra os três elementos: revelação, interpretação e aplicação. É preciso que coloque em prática tudo aquilo que o Espírito Santo está gerando em seu coração.

Muitas são as pessoas que querem esse dom, mas também diversas são as que não querem pagar o preço por ele, uma vez que é necessária a busca pelos três elementos. Tal negligência não é boa, não só para quem está displicente, mas para o reino. Quando alguém se dispõe, fielmente, àquilo que o Senhor dá, promove a manifestação da graça de Deus, para o testemunho de Jesus Cristo.

"Sempre dou graças a meu Deus a vosso respeito, a propósito da graça, que vos foi dada em Cristo Jesus; porque em tudo fostes enriquecidos nele, em toda a palavra e em todo o conhecimento; assim como o testemunho de Cristo tem sido confirmado em vós de maneira que não vos falte nenhum dom."

1 Coríntios 1:4-7

Quem Deus usa?

É interessante analisarmos a escolha do Senhor em relação a quem manifestar os dons. Primeiramente, precisamos seguir no entendimento de que os profetas não são pessoas especiais. Do contrário, são pessoas comuns. Especial é o Deus que escolhe os seus vasos e sempre separa aqueles que decidiram esvaziar-se de si mesmos para serem cheios da sua glória.

Ele usa, justamente, quem não é parar ser

Compreendendo isso, podemos crer que nos usará também. Ele usa, justamente, "quem não é parar ser", a fim de que ninguém se vanglorie, mas glorifique ao seu nome.

"Porque vede, irmãos, a vossa vocação, que não são muitos os sábios segundo a carne nem muitos os poderosos nem muitos os nobres que são chamados. Mas Deus escolheu as coisas loucas deste mundo para confundir as sábias; e Deus escolheu as coisas fracas deste mundo para confundir as fortes; e Deus escolheu as coisas vis deste mundo e as desprezíveis e as que não são para aniquilar as que são."

1 Coríntios 1:26-28

"Para que nenhuma carne se glorie perante Ele. Mas vós sois dele, em Jesus Cristo, o qual, para nós, foi feito por Deus sabedoria, justiça, santificação e redenção; Para que, como está escrito: Aquele que se gloria glorie-se no Senhor."

1 Coríntios 1:29-31

Maneiras pelas quais Deus fala

Nesse trecho do livro, iremos construir um pensamento sobre as formas que Deus tem para falar com seus filhos. Partindo de alguns pressupostos bíblicos, como os textos abaixo, podemos afirmar que o Senhor se manifesta por meio dos profetas, dando-lhes visões, sonhos. Com os mais íntimos, como Moisés, Ele conversa.

"Antes, Deus fala uma e duas vezes; porém, ninguém atenta para isso. Em sonho ou em visão de noite, quando cai sono profundo sobre os homens e lhes sela a sua instrução, para apartar o homem do seu desígnio e esconder do homem a soberba; para desviar a sua alma da cova e a sua vida, de passar pela espada."

Jó 33:14-18

"Ouvi, agora, as minhas palavras; se entre vós há profeta, Eu, o Senhor, em visões a ele, me faço conhecer ou falo com ele em sonhos. Não é assim com o meu servo Moisés, que é fiel em toda a minha casa. Boca a boca falo com ele, claramente e não por enigmas."

Números 12:6-8

> *É importante termos em mente que Deus, na sua infinita sabedoria e multiforme graça, não se manifesta da mesma maneira.*

Capítulo 5

Tipos de Revelações

Quando estamos buscando uma compreensão sobre os dons proféticos, é importante termos em mente que Deus, na sua infinita sabedoria e multiforme graça, não se manifesta da mesma maneira. Existem revelações que são de ordem mais elevada do que outras. Segue uma simples apresentação de classificação de Martin Scott[1]:

"Níveis mais baixos: Impressões ou percepções mentais ou espirituais, fracas visões em nosso interior e a doce e suave voz de Deus que ouvimos em nosso espírito.

Níveis mais altos: Visões abertas, visitações angelicais, visitações do Senhor, sonhos com muita nitidez, êxtases, ser tomado no espírito e outras experiências proféticas."

---

1. Scott, Martin. Abraçando o Amanhã - Passos para Caminhar nos Dons Proféticos Realizando os Propósitos de Deus. Jehová Shammah Publicações. 2006.

Impressões proféticas

> *A impressão profética*
> *é muito corriqueira e, por isso, algumas vezes,*
> *é confundida com um pensamento*

Essa é a forma mais simples pela qual Deus fala com os seus filhos. A maioria dos cristãos já teve o privilégio de ouvir o Pai falar dessa maneira. A impressão profética é muito corriqueira e, por isso, algumas vezes, é confundida com um pensamento. Por falta de entendimento, deixamos de ouvir ao Senhor. Quem de nós já teve a sensação de que iria acontecer algo e, de fato, aconteceu? Ou pensou em alguém e, de repente, a pessoa apareceu?

Confundimos essas manifestações com simples coincidências e, por isso, é preciso estar mais ligados ao Espírito Santo. Elas podem se expressar no corpo, na mente ou no espírito. Mais à frente, iremos tratar a respeito desse assunto.

Encontro inesperado

Certa vez, estava indo ao banco, para verificar a minha conta. No meio do caminho, encontrei um irmão com o celular nas mãos, dizendo: "Não acredito. Veja! Estou com o telefone, procurando o seu número para te ligar e falar contigo! Perguntava a Deus se era mesmo para te ligar e te falar sobre isso!"

O irmão me contou que um jovem gostaria de trabalhar na nossa equipe. O que ele não sabia é que, naquele mesmo dia, outra pessoa havia me falado sobre o mesmo rapaz e o mesmo assunto. Na verdade, o que muitos pensam ser coincidências, realmente, são impressões proféticas dadas por Deus.

O que aconteceria se você passasse a reconhecer como sendo de Deus as impressões que tem? Ele, com certeza, te usaria mais dessa maneira para falar com as pessoas. O que surgiu de um pensamento vago era, na verdade, uma resposta específica do Senhor para a vida profissional daquele jovem.

Impressões proféticas na Bíblia

A Bíblia contém alguns relatos sobre pessoas que tiveram impressões proféticas. Um exemplo poderoso é o de Paulo, que, certa vez, teve contato com um homem paralítico de nascimento. A Palavra diz que, de alguma forma, o apóstolo percebeu que ele tinha fé para ser curado. Então, agiu segundo a revelação, dando um comando ao enfermo:

"Este ouviu falar Paulo, que, fixando nele os olhos e vendo que tinha fé para ser curado, disse em voz alta: Levante-te direito sobre teus pés. E ele saltou e andou".

Atos 14:9-10

Não viu com os olhos naturais,
mas com os espirituais

A Palavra não relata que Paulo teria ouvido uma voz ou tido uma visão, mas deixa subentendido que teve uma impressão, uma percepção. Não viu com os olhos naturais, mas com os espirituais. Foi através da manifestação do dom profético que ele pode atingir a fé do paralítico e, então, o Espírito Santo pode produzir o milagre.

É fato que Deus se expressa em níveis altos de revelações com os seus filhos, mas isso não quer dizer que as impressões não sejam importantes. Para muitas pessoas, elas são a porta de entrada para a revelação profética. Obedecer a um simples comando pode ser o caminho para produzir um grande milagre, como o do paralítico.

Impressões no corpo

Por exemplo, ao orar com
alguém enfermo, é possível que quem
possua o dom tenha uma sensação
fora do comum

Deus também fala conosco através de impressões em nosso corpo. Há vários relatos de pessoas que têm esse tipo de manifestação durante um mover. Por exemplo, ao orar com alguém enfermo, é possível que quem possua o dom tenha uma sensação fora do comum. Na verdade, é uma oportunidade do Espírito promover cura. Outros sentem náuseas, tonturas e até dores de cabeça ao se depararem com aquele que precisa de libertação. Isso acontece ainda quando se adentra ambientes espiritualmente carregados.

Coceira no ouvido

Em determinada ocasião, a igreja estava no momento do louvor, quando peguei o microfone para dar continuidade ao culto. O meu ouvido esquerdo começou a coçar muito e senti como se estivesse tapado. Falei que o Espírito Santo estava curando alguém e contei os sintomas e de que lado se tratava. Uma irmã chamada Iraci, de imediato, levantou as mãos.

Chamei-a ao microfone e ela testemunhou que, quando criança, o seu ouvido esquerdo começou a coçar muito. Já havia feito vários tratamentos médicos, sem vitória. Quando falei aquela palavra de conhecimento, que tive através de uma impressão no meu corpo, a irmã sentiu queimar o seu ouvido. Em seguida, ela relatou que era como se estivesse desentupido, passando a ouvir naturalmente.

Impressões nos sentimentos na Bíblia

Jesus teve percepções em seu próprio corpo, dadas pelo Pai. No Evangelho de Lucas, um dia, estava caminhando numa cidade e as pessoas o apertavam e se oprimiam para poder tocá-lo. Uma mulher com um fluxo de sangue acreditou que, se encostasse as mãos nEle, seria curada. Ela enfrentou a multidão e o fez. Cristo, imediatamente, reconheceu isso e disse:

"Quem me tocou? Como todos negassem, Pedro, com os seus companheiros, disse: Mestre, as multidões te apertam e te oprimem e dizes: Quem me tocou? Contudo, Jesus insistiu: Alguém me tocou, porque senti que de mim saiu poder."

Lucas 8:45-46

O significado da palavra "sentir" é "saber mediante um sentimento". Jesus notou que alguém havia encostado as mãos nas suas vestes, porque sentiu sair virtude do seu corpo. É interessante observar que Ele não sabia quem tinha lhe tocado. Isso acontece conosco também. Muitas vezes, recebemos claras impressões sobre o que está ocorrendo, como no caso da irmã Iraci, do testemunho anterior. Temos que ter fé e perguntar quem é que tem o problema. Como está escrito em 1 Coríntios 13:9: "Em parte conhecemos e em parte profetizamos".

Impressões pela mente

Deus fala conosco também através de impressões em nossas emoções. É um fato que os sentimentos, muitas vezes, nos traem e não podem ser um indicador da realidade. Porém, o Senhor os criou em nós e, eventualmente, fala conosco através deles. E, quando assim o faz, é em benefício de outra pessoa. Sentimos em nossa alma o que o outro está sentido.

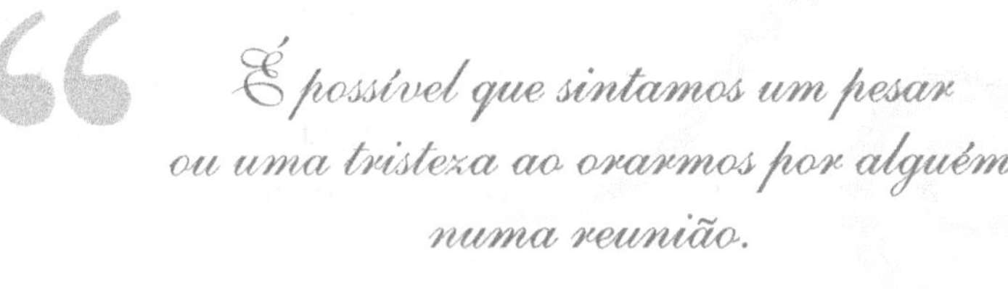

É possível que sintamos um pesar ou uma tristeza ao orarmos por alguém numa reunião. Isso acontece para ministrarmos a ele, na sua necessidade. Ao reconhecermos e identificarmos esses sentimentos proféticos, podemos ver curas e libertações. Outras vezes, vamos sentir o que o Senhor sente por uma pessoa. Podemos ter a sensação de uma profunda alegria ou um senso de proteção sobre quem nem mesmo conhecemos.

Igreja abatida

> *Quando a irmã responsável me pegou para irmos ao culto, a impressão que tinha é que sentia a dor da morte dentro de mim.*

Algum tempo atrás, fui convidada a ministrar em uma igreja que não conhecia. Pedi, como sempre, que não me contassem nada sobre eles. Assim, não atrapalharia o mover do Espírito Santo. À tarde, quando comecei a preparar a mensagem, senti uma angústia, algo que doía muito no meu interior. Como naqueles dias estava indo tudo bem comigo, percebi que a situação poderia ser com alguém daquele ministério. Quando a irmã responsável me pegou para irmos ao culto, a impressão que tinha é que sentia a dor da morte dentro de mim.

Chegamos à igreja e, quando pisei dentro, milagrosamente, aquilo tudo que sentia desapareceu, imediatamente. Durante a ministração, disse aos irmãos o que senti e oramos repreendendo o espírito de morte que os rondava. Quando acabou o culto, o líder que havia me convidado veio até mim e contou-me que o pastor presidente estava muito enfermo e que todos estavam muito abatidos com a situação. Não havia mais esperança para o seu caso.

Chamaram-me para estar com eles outra vez. Fiquei feliz. Queria mesmo saber o que tinha acontecido. Quando cheguei lá, me apresentaram o pastor presidente, um homem de cabelos grisalhos, muito alegre e sorridente. Ele havia melhorado e já estava conseguindo participar dos cultos. O Senhor havia promovido aqueles sentimentos para que eu orasse junto aos irmãos.

Buscando o discernimento do dom

É preciso subjugá-los aos princípios da Palavra de Deus e guardar as Escrituras no coração, para não pecar contra o Senhor

No que diz respeito à manifestação profética através da impressão nas emoções, precisamos estar muito atentos. Os sentimentos humanos são imprecisos, às vezes, influenciáveis e volúveis. É preciso subjugá-los aos princípios da Palavra de Deus e guardar as Escrituras no coração, para não pecar contra o Senhor. Quando um cristão faz isso, os seus pensamentos tudo é discernido com maior facilidade.

Palavra que divide alma e espírito

Aquele que se dispõe a conhecer a Bíblia e nela meditar sabe discernir o que sente. Como foi citado, é a Palavra que divide alma e espírito. É o conhecimento dela que traz a distinção entre o que vem de pura emoção, decorrente de muitos fatores, e aquilo que vem de Deus. As Sagradas Escrituras são um conjunto de profecias seguras e é somente através de sua luz que qualquer outra profecia pode subsistir.

...cinco sentidos espirituais: a visão, a audição, o olfato, o paladar e o tato

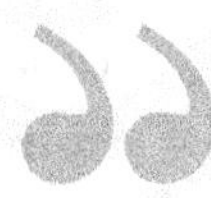

Capítulo 6

Cinco Sentidos e Dom Profético

Na minha caminhada ministerial, percebi as muitas formas de manifestações proféticas. Porém, elas seguem, basicamente, a mesma linha de ação em muitos lugares. E uma dessas atuações do Espírito Santo se dá através dos conceitos dos cinco sentidos do corpo. Sim, podemos desenvolver os cinco sentidos espirituais: a visão, a audição, o olfato, o paladar e o tato. O Pai dá revelações ao vermos, ouvirmos, cheirarmos, provarmos ou tocarmos espiritualmente.

VISÃO ESPIRITUAL

Como falei anteriormente, gosto de alguns conceitos de Martin Scott e vou tomar um deles emprestado para construirmos um pensamento sobre o assunto:

"Esse, com certeza, é o dom mais conhecido por todos e, geralmente, o mais temido. Todos querem ver o reino espiritual, anjos, Jesus, etc. E ninguém quer ver demônios, etc. Por causa deste dom, os profetas, muitas vezes, foram chamados de 'videntes' no Antigo Testamento."

...vários homens viram aparições;
João viu todo o desfecho da história
humana na terra

A Bíblia está repleta de exemplos de homens que tiveram visões. Através desse dom, Deus falou aos profetas e filhos. Os incidentes bíblicos são muitos: Eliseu viu a carruagem de fogo o separando de seu discipulador; Ezequiel viu rios e vale de ossos secos; Pedro viu um lençol de animais descendo sobre ele; vários homens viram aparições; João viu todo o desfecho da história humana na terra. E muitos outros são os casos da manifestação do dom.

Céu aberto

...morreu tendo o privilégio de ver
o que todo cristão verdadeiro deseja, o seu Senhor,
de braços abertos para recebê-lo

O exemplo da visão de Estevão é, para mim, um dos mais maravilhosos. Ele teve a manifestação de seu dom no momento mais angustiante de sua vida. Tinha um caráter inquestionável e um coração perdoador, mas foi apedrejado por ser seguidor de Jesus. Por sua abnegação a si mesmo, amor a Cristo e ao próximo, morreu tendo o privilégio de ver o que todo cristão verdadeiro deseja, o seu Senhor, de braços abertos para recebê-lo.

"Mas Estevão, estando cheio do Espírito Santo, fixando os olhos no céu, viu a glória de Deus e Jesus, que estava à direita de Deus. E disse: Eis que vejo os céus abertos e o Filho do Homem, que está em pé à mão direita de Deus. Mas eles gritaram com grande voz, taparam os seus ouvidos e arremeteram, unânimes, contra ele. E, expulsando-o da cidade, o apedrejavam. E as testemunhas depuseram as suas capas aos pés de um jovem chamado Saulo"

Atos 7:55-58

"E apedrejaram a Estevão, que, em invocação, dizia: Senhor Jesus, recebe o meu espírito. E, pondo-se de joelhos, clamou com grande voz: Senhor, não lhes imputes este pecado. E, tendo dito isso, adormeceu."

Atos 7:59-60

"O Grande Eu Sou [2]"

"Um certo dia, Estevão viu o céu aberto e viu-me a mim. Apedrejado sucumbiu. Mas foi fiel, até o fim. Firmado em mim, Rocha Eternal. Assim jamais o crente cai. Buscai o dom celestial, que vem da casa do meu Pai."

No lugar de Estevão, o que cantariam sobre nós pela eternidade?

---

2. Canção "O Grande Eu Sou". Harpa Cristã.

Dom como resposta de oração

Eu não entendia nada sobre dons. Melhor dizendo, nem sabia que eles existiam na igreja

A visão, por vezes, vem para confirmar a oração de alguém e aumentar a sua fé e esperança. Foi assim que me converti. Eu não entendia nada sobre dons. Melhor dizendo, nem sabia que eles existiam na igreja. Estava apenas com uma semana de convertida quando fui batizada pelo Espírito Santo e, como todo neném, não sabia nem mesmo falar ou engatinhar ainda. Logo, o dom de visão começou a se manifestar em mim.

Um dia, estava sentada na igreja, durante o louvor. Então, vi uma salva – que é um pano em forma de saco, com um suporte de madeira, para segurá-lo aberto - cheia de dinheiro. Algo me chamou a atenção, pois havia poucas notas de um real e muitas de 100 reais. Continuei sentada e, após o período das músicas, veio o momento da oferta. Aquela congregação tinha o costume de colher os dízimos em salvas. Quando passaram por mim, o que vi não batia com a minha visão. O saco estava vazio.

Ao término do culto e com muito medo, fiquei sentada até quase todos os membros saírem da igreja. Quando restavam poucas pessoas e ninguém próximo ao pastor, me aproximei para dizer-lhe o que vi. Como nem sabia o que era uma visão e muito menos tinha interpretação sobre isso, contei-lhe da maneira que vi. Ele derramou uma lágrima e disse que era resposta pelo que estava orando no exato momento.

Passaram-se uns 18 anos. Ele sempre lembra e comenta sobre o assunto. Naquela época, a igreja havia acabado de sofrer uma divisão e os recursos financeiros estavam muito escassos. Aquele pastor era pai de quatro filhos pequenos. Como provedor, estava muito preocupado pela situação financeira pessoal e ministerial. Aprendi, daquele momento em diante, que não precisava enfeitar com laços uma visão. Bastava dizer o que tinha visto.

AUDIÇÃO ESPIRITUAL

A audição espiritual é também um modo pelo qual Deus traz revelações. Alguns irmãos tem a habilidade de ouvir determinados sons. Não é tão incomum nos depararmos com pessoas que digam estar ouvindo ruídos que outros, no mesmo ambiente, não ouvem. Eu não tinha entendimento sobre esse dom, mas, com certeza, tinha muito temor dele quando orávamos no monte, pois nessas reuniões de oração era onde mais se manifestava.

Algumas vezes, nos reuníamos para orar no monte e uma irmã que tinha o dom ia conosco. O lugar era bem escuro. Aquela serva dizia: "Estou ouvindo os demônios em forma de touros. Eles estão muito bravos batendo no arame!" Eu, logo, olhava com muito medo e não via nada. Ela continuava: "Veja. Estão ali!" Não corria por vergonha, principalmente se apontasse para o lado em que eu estava. Sempre começavam a orar ou a guerrear.

*A irmã também ouvia sons
de anjos tocando instrumentos
e começávamos a adorar ao Senhor*

A irmã também ouvia sons de anjos tocando instrumentos e começávamos a adorar ao Senhor. Com certeza, a parte dos demônios, não queria e temia, mas a dos anjos adorando e o shofar tocando, isso, sim, eu desejava de todo o meu coração. Mas dom é dom. Não podemos escolher o que queremos ver e ouvir. É o Espírito Santo quem determina o que quer revelar.

Discernindo pela audição

O dom se manifesta também ao ouvirmos alguém falar. Conheci uma irmã que era a alegria em pessoa, sempre com um lindo sorriso e uma risada longa e estridente. Se sorrisse em algum lugar, sem olhar, todos sabiam que estava ali. Certa vez, eu estava ao telefone com ela e Deus trouxe ao meu espírito um discernimento. Logo, perguntei: "Por que está tão deprimida hoje? A tristeza está muito forte em você!". Porém, nós não conversávamos de nada pessoal e, sim, de um evento.

Deus pode revelar também as lutas pelas quais as pessoas estão passando e mostrar encorajamentos que tem para elas. Se aprendermos a identificar as situações em que ouvimos

O susto a deixou sem fala por um momento. Quando falou, já não existia mais a empolgação. A sua voz havia ficado triste e confirmava o que eu havia discernido. Deus pode revelar também as lutas pelas quais as pessoas estão passando e mostrar encorajamentos que tem para elas. Se aprendermos a identificar as situações em que ouvimos alguma coisa fora do comum e perguntarmos ao Senhor, Ele nos dará um poderoso ministério para abençoar muitas vidas.

Shofar na igreja

Um dia, estava almoçando com uns irmãos do estado do Pará. Havíamos nos encontrado em uma conferência, no Ministério Ouvir e Crer de Goiânia (GO). O evento tinha sido muito bom e, depois, saímos para almoçar juntos. Eles compartilharam que a sua igreja estava buscando ao Senhor intensamente. Reuniam-se em momentos de intimidade diariamente, 24 horas por dia. Várias pessoas se encontravam para adoração e oração.

> *...havia uma média de 50 pessoas dentro da igreja, quando começamos a ouvir um shofar tocar*

Naquele encontro, um dos irmãos compartilhou algo interessante sobre uma manifestação profética: "Um desses dias, havia uma média de 50 pessoas dentro da igreja, quando começamos a ouvir um shofar tocar. Mais de 40 pessoas ficaram procurando o som atrás do palco e em mais lugares. Os outros irmãos não entendiam nada!"

Segundo narrou, o som permaneceu mesmo com o término da música. Então, concluíram que aquilo não era natural e tiveram o entendimento de que havia anjos tocando o instrumento dentro da igreja. Aquelas pessoas, simplesmente, continuaram adorando e, um pouco depois, o shofar parou. Eles relataram que não foram todos que ali estavam que ouviram, mas uns 90%, sim. A pessoa que contou a experiência falava muito emocionada e feliz por ter esse dom.

OLFATO ESPIRITUAL

*...sinta cheiros espirituais,
com o objetivo de trazer revelações sobre algo*

Assim como pode acontecer de alguém desenvolver a visão ou a audição espiritual, é possível também que o Senhor faça desenvolver o olfato espiritual. Muitas vezes, Deus permite que um servo sinta cheiros espirituais, com o objetivo de trazer revelações sobre algo. Quem caminha nos dons proféticos sabe que, no meio dos profetas, este é um dom tão conhecido como o de visão.

Particularmente, tive uma experiência assim. Em um determinado dia, estava incumbida de ministrar para mulheres em uma igreja e havia saído bem cedo, com mais duas pastoras, para conseguir chegar no horário. Durante o culto, ministrava normalmente, quando senti um cheiro que nunca havia sentido. Não era algo natural e, sim, espiritual. Estava muito temerosa por não conhecer ninguém e não sabia como seria a reação das pessoas diante daquilo que iria dizer. Mas criei forças e falei: "Estou sentindo um cheiro de medo!".

Foi o suficiente para aquelas mulheres começarem a chorar. Fiquei por um tempo calada diante de tanto choro. A pastora local e a sua liderança estavam todas na frente, chorando. Até aquele momento, não entendia o que estava acontecendo. Não as conhecia nem sabia nada sobre as suas vidas. E sabia menos ainda que medo tinha cheiro. Mas, com certeza, o que elas precisavam saber era que Deus estava vendo a situação em que se encontravam. Trouxe uma palavra de consolo e conforto e encerramos. Não precisava de mais nada.

Naturalmente, aquela igreja parecia estar muito bem. O que eu não sabia era que o pastor estava enfermo e ninguém descobria o que tinha. Todos estavam com muito medo do que poderia acontecer com o ministério e com a sua família, já que ele tinha seis filhos. Aquela manifestação na ministração trouxe alívio, refrigério e aumentou a fé. Estive lá outras vezes. Em uma delas, o líder estava internado com pedras nos rins e, em outra, estava glorificando a Deus pela cura.

Cheiro de enxofre

Muitas vezes, em momentos de oração, eu sentia o cheiro de enxofre. No início, ficava procurando se tinha alguma coisa estragada na rua, na casa ou na igreja. Após conversar com outros líderes sobre isso, aprendi que existe um demônio que tem esse odor. Não o via, mas o sentia constantemente. Com certeza, não era um cheiro muito agradável, mas sabia que ele estava por ali quando o sentia.

Cheiro de mirra

Outras vezes, em momentos de oração ou adoração, sempre havia um irmão que sentia o cheiro de mirra. Quando isso acontecia, sabíamos que Jesus estava presente, com a sua unção. Era um aroma agradável, que trazia muita tranquilidade para aquele ambiente. Antes de alguém sentir o manifestar do cheiro, já percebíamos a paz que estava ali; a bondade e a graça de Deus também.

Como no caso de outras manifestações, não podemos escolher o que cheirar nem o momento ou o lugar. O Senhor é soberano e expressa quando quer os dons, que são do Espírito Santo e não nossos. Temos que desenvolver e aprender a lidar com eles.

TATO ESPIRITUAL

É pelo toque também que muitos recebem a revelação d a enfermidade e até a cura física

Este dom é também corriqueiro nas comunidades que se entregam à manifestação profética. A sua principal forma de ação acontece pela imposição de mãos. Várias são as pessoas que recebem a visitação do Espírito Santo assim. Outras vezes, o Pai revela determinadas situações quando um ministro toca naquele que está sendo ministrado. É pelo toque também que muitos recebem a revelação da enfermidade e até a cura física.

Em várias ocasiões, quando eu orava por uma pessoa, impondo as mãos, sentia, em meu espírito, o que vinha acontecendo no meio de sua parentela ou situações de enfermidades, depressões e área financeira. Ainda é assim até hoje. Não é necessário que se diga nada. Às vezes, nem oro por ela e, sim, por alguém próximo. Ao conversar, posteriormente, descubro que, em alguns casos, está intercedendo por outros. Já houve até episódios de salvação no meio da família.

Ao tocar algumas pessoas, sinto o que elas sentem e oro de acordo com aquela revelação. O Espírito Santo sabe do que os fiéis precisam. Ele é quem traz o discernimento da real situação em que estão. E faz isso para que haja saúde no corpo de Cristo. Aliás, o próprio Jesus curou várias pessoas através do tato:

"E Jesus, entrando na casa de Pedro, viu a sogra deste jazendo com febre. E tocou-lhe na mão e a febre a deixou; e levantou-se e serviu-os."

Mateus 8:14-15

"E aproximou-se dele um leproso, que, rogando-lhe e pondo-se de joelhos diante dele, lhe dizia: Se queres, bem podes limpar-me. E Jesus, movido de grande compaixão, estendeu a mão, tocou-o e disse-lhe: Quero. Sê limpo!"

Marcos 1:40-41

A imposição de mãos é tão séria que há orientações de como cuidar dos enfermos através dela. O livro de Tiago ensina como devemos utilizar esse artifício, somado ao óleo da unção. Deus é o maior interessado em nos ver curados, em nos ver fluindo nos dons:

"Está alguém entre vós doente? Chame os presbíteros da igreja e orem sobre ele, ungindo-o com azeite, em nome do Senhor; e a oração da fé salvará o doente e o Senhor o levantará; e, se houver cometido pecados, ser-lhe-ão perdoados."

Tiago 5:14-15

PALADAR ESPIRITUAL

Por vezes, esse fenômeno acontece para revelar uma situação de enfermidade

Essa manifestação acontece semelhante ao olfato espiritual. Não é raro ouvirmos testemunhos de profetas que sentiram um sabor estranho na boca ao orarem por um irmão. Por vezes, esse fenômeno acontece para revelar uma situação de enfermidade. Mas também pode ocorrer para que se ore por outras áreas, em relação às quais o Espírito Santo dá o entendimento ao coração do ministro.

Na beira da estrada

O pastor Luciano Subirá, pregador conhecido no Brasil, relata, em uma de suas mensagens, que, certo dia, estava ministrando em um congresso em um estado bem distante de onde morava. Saindo da ministração da manhã, foi para uma churrascaria. Após o almoço, com outros colegas de ministério, retornava ao evento, quando começou a sentir um forte sabor de pamonha.

A sensação era muito estranha, pelo fato de estar satisfeito. Havia acabado de almoçar. Aquele gosto foi lhe dando um enorme desejo de comer pamonha, o que causou estranheza a todos. A vontade foi aumentando, ao ponto de estar procurando, na beira da estrada, uma pamonharia. À medida que seguia caminho, aquilo crescia mais.

Alguns minutos depois, viu uma barraca onde estava escrito "Pamonha" e gritou: "Pare! Pare! Preciso comer uma!" Pararam o carro e, quando chegaram próximo, viram um moço sujo, de cara fechada e braços cruzados, escorado em uma árvore próxima. Assim que o pastor comprou a pamonha, a sua vontade de comê-la parou instantaneamente. Estava com ela nas mãos, sem nenhuma fome.

Subirá ficou sem saber o que fazer. Por uns minutos, começou a perguntar o que estava acontecendo para o Pai, que lhe falou sobre a prova que aquele homem havia feito com Ele: "Se o Senhor existe, mande alguém parar aqui e me dar uma pamonha!" Então, virando para o rapaz, o pastor explicou que Deus o mandara ali para lhe comprar aquele alimento e para dizer que o amava muito.

Naquela situação, o Senhor não falou com o pastor audivelmente. Somente usou o sabor espiritual para lhe fazer parar ali e comprar a pamonha. Ao perguntar para Deus o porquê de, simplesmente, não ter falado, Ele respondeu: "Se não fosse assim, você não iria atender! Iria deixar para depois, como fez nos outros dois episódios em que te mandei parar!"

Ida ao supermercado

Uma pastora que conheço contou que, em um dia de trabalho, sentiu uma enorme vontade de chupar laranja, mas tinha que ser de determinado supermercado. Deu uma saída rápida do serviço, pois não conseguia esperar encerrar o horário, foi ao comércio e efetuou a compra. Já estava saindo quando lembrou que não gostava daquilo. Já na rua, o Senhor lhe mostrou uma família e ela sentiu o desejo de lhe entregar o que comprara. Foi embora feliz por ter obedecido a Deus e por não ter que consumir a indesejada fruta.

Alguns desses fenômenos podem parecer estranhos, mas, comparados com os registros bíblicos, são relativamente simples. Temos que considerar que Jesus curou pessoas tocando-lhes na língua e nos olhos com a sua saliva ou usando lama. Lembre-se de que, para lermos a Bíblia, libertos de todo preconceito, temos que concordar com a Palavra de Deus dada a Isaías:

"Porque os meus pensamentos não são os vossos pensamentos nem os vossos caminhos, os meus caminhos, diz o Senhor."

Isaías 55:8

...na boca, era doce como mel e, no ventre, ficou amargo. Um livro com gosto de mel, gosto espiritual.

A Bíblia nos fala sobre um livro que, na boca, era doce como mel e, no ventre, ficou amargo. Um livro com gosto de mel, gosto espiritual.

"E tomei um livrinho da mão do anjo e comi-o; na minha boca, era doce como mel; havendo-o comido, o meu ventre ficou amargo."

Apocalipse 10:10

Como os caminhos de Deus não são os nossos e os modos dEle agir e pensar também não são os nossos, para ouvirmos o Senhor falar, temos de estar abertos aos modos diferentes e fora do comum que usa para comunicar-se conosco. Normalmente, o Pai escolhe as coisas fracas, básicas e loucas para confundir a sabedoria dos sábios. Muitas vezes, temos que querer nos tornar loucos para poder ouvi-lo.

"Mas Deus escolheu as coisas loucas deste mundo para confundir as sábias."

1 Coríntios 1:27

Ouvindo Deus falar

Sempre comentamos que Deus fala conosco. E fala mesmo. Em geral, quando afirmamos isso, queremos dizer que Ele comunicou algo em nosso espírito, através de uma impressão, visão ou qualquer outro meio. Entretanto, o Senhor é poderoso e soberano para fazer um filho ouvir a sua voz. Esse fenômeno era muito conhecido no Antigo Testamento e tem algumas aparições no Novo Testamento. Martin Scott, em seus estudos sobre os dons proféticos, classificou essa forma de manifestação:

"Ouvimos Deus falar em diferentes níveis de revelação e modos. Algumas das designações que faço aqui são simplesmente descritivas em sua natureza: sussurros suaves; voz audível em nosso interior; voz audível aos ouvidos; visões; lampejos; sonhos; arrebatamento no espírito; visitações de anjos; visitações do Senhor. [3]*"*

> *Para reconhecer Deus falando, precisamos prestar atenção. Ele fala de várias formas conosco e, por isso, temos que estar atentos*

Para reconhecer Deus falando, precisamos prestar atenção. Ele fala de várias formas conosco e, por isso, temos que estar atentos. É necessário que vivamos em sua presença; estejamos centrados em seus propósitos; queiramos que se comunique conosco; busquemos comunhão e amor com o próximo; e nos apaixonemos pela sua Palavra escrita. Se caminharmos nessas atitudes, tendo no coração o desejo sincero de sermos fiéis, nos tornaremos pessoas mais sensíveis à sua voz.

---

3. Scott, Martin. Abraçando o Amanhã - Passos para Caminhar nos Dons Proféticos Realizando os Propósitos de Deus. Jehová Shammah Publicações. 2006.

Como todo dom se desenvolve, ouvir a Deus também. Quando começamos a identificar a sua voz continuamente, cada ocorrência aumenta a nossa sensibilidade e a habilidade em reconhecê-lo. Percebemos o que Ele quer expressar em coisas simples e corriqueiras. Fica mais fácil interpretar revelações e notar o seu agir em situações que antes não classificaríamos assim.

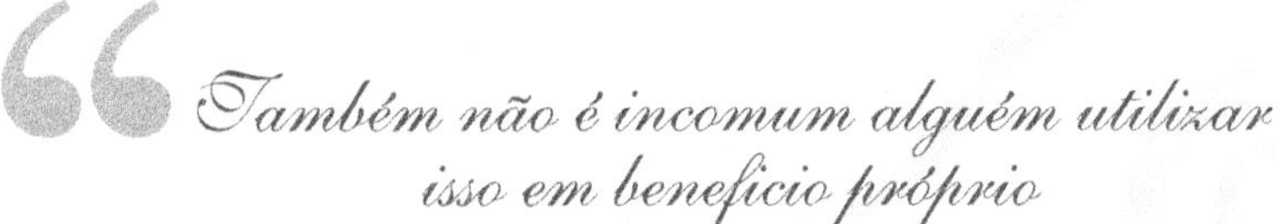

Também não é incomum alguém utilizar isso em benefício próprio

Capítulo 7

Perigos dos Dom Profético

No decorrer da minha caminhada no ministério, fui observando algumas situações que não deveriam acontecer no meio daqueles que lidam com os dons proféticos. Por vezes, percebemos um exagero de alguns irmãos ao entregarem uma palavra. Também não é incomum alguém utilizar isso em benefício próprio. E há ainda aqueles que vivem uma vida carnal, sem o menor discernimento e insistem em permanecer ministrando sem conserto.

Infelizmente, tive a oportunidade de presenciar um desses incidentes ministeriais. Certo dia, ganhei uma cesta básica no serviço e levei para doar a alguma família carente que precisasse. Decidi dar a uma mulher que recebia pessoas em casa para orar e, assim, entregar alguma profecia. Em sua residência, eu conversava com uma irmã na cozinha quando outra chegou, dizendo:

- Deus confirmou. Fiz prova com Ele. E Ele confirmou que aquele é mesmo o meu marido! Falei para Deus que, se aquele homem fosse o meu marido, era para chegar à minha casa naquele momento. Assim que fechei a geladeira, ele bateu na porta. O Senhor respondeu!

- Viu?! Não te falei que Deus disse que era mesmo o seu? – respondeu, com um brado, a irmã que estava conversando comigo.

E a mulher continuou:

- Então, ele vai largar a sua esposa para ficar comigo?

Naquele momento, eu perdi o chão. Não sabia nem mesmo como sair da casa, pois não conseguia entender o que tinha presenciado. Para aquelas mulheres, Deus falava para fazer algo contra os princípios familiares e contra o que é ensinado pela sua Palavra. Não conseguia assimilar um homem casado, que já tem a sua esposa, ser alvo da revelação de um segundo casamento. Saí do lugar dizendo que não queria o dom de profecia. Não falei isso para aquelas pessoas, mas não voltei mais ali. E busquei entendimento no Senhor do que havia presenciado.

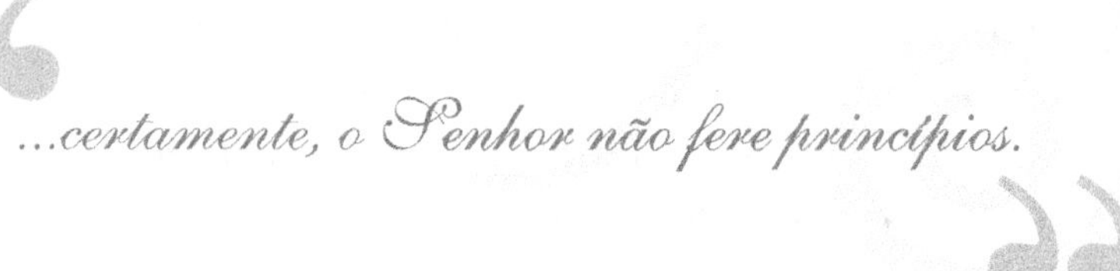

...certamente, o Senhor não fere princípios.

O tempo passou e a mulher não ficou com aquele moço. A irmã que havia profetizado na carne (descobri que isso existia) passou por situações muito constrangedoras e difíceis. Com certeza, Deus não cumpriu aquela palavra, pois, primeiramente, não era Ele quem havia falado. E, certamente, o Senhor não fere princípios.

"Tu não tens parte nem sorte neste ministério, porque o teu coração não é reto diante de Deus."

Atos 8:21

Não estou generalizando em relação às pessoas que tem o dom profético e recebem outras para orar em suas casas ou fazem visitas nos lares. Quero, sim, dar uma ênfase, com o meu testemunho, de que existem falsos profetas no nosso meio. Devemos tomar cuidado para não nos associarmos a eles ou não sermos como eles. Conheço irmãos separados em Deus, com o chamado profético e que vivem as suas vidas orando e abençoando os outros. São como João Batista, espalhados pelo mundo, fazendo ouvir a voz do Pai.

Este episódio, entre outros, me fez temer os dons proféticos, principalmente o de profecia. Eu não tinha o entendimento de que este dom se manifestava de várias maneiras, como já aprendemos anteriormente. No inicio da minha caminhada, acreditava que profecia era somente a expressão "Eis que te digo!"

Alguém obstinado é aquele que não muda as suas atitudes ou os seus caminhos nem aceita repreensão.

Capítulo 8

Perigos da Obstinação

A obstinação é um pecado e um dos principais inimigos das nossas almas. Ela faz com que sempre estejamos nos desculpando e pondo a culpa nos outros, para que, assim, não assumamos a responsabilidade. O significado dessa palavra é "teimar, persistir e não ceder". Logo, alguém obstinado é aquele que não muda as suas atitudes ou os seus caminhos nem aceita repreensão. É tal como Caim, que teve a oportunidade de alterar a sua história, mas preferiu seguir os seus sentimentos de orgulho, inveja e ira.

Aqueles que estão seguindo o caminho de Caim são obstinados a ponto de não serem ensináveis por ninguém nem mesmo por Deus. No livro "Diamante" (MCM Publicações), que faz parte da série "Desafios da Águia", eu falo sobre a síndrome de Caim e o perigo de estarmos na presença do Senhor sem o verdadeiro arrependimento. Quero dar uma ênfase ao assunto por achar fundamental sabermos quando estamos sendo obstinados ou perseverantes.

> *A obstinação é a raiz de muitos pecados.*

A obstinação é a raiz de muitos pecados. Vemos isso, primeiramente, em Lúcifer. Depois, em Adão. Estes dois pecaram por escolherem a sua própria rota, ao invés de seguirem pelo caminho de Deus. Ao tomarem essa decisão, ambos liberaram o mal para o mundo inteiro. Enganamo-nos quando pensamos que as nossas decisões afetam apenas a nós mesmos. Se recebermos do Senhor uma posição de responsabilidade e de autoridade perante os seus filhos, toda queda que tenhamos também afetará os que estão sob o nosso cuidado.

Diante disso, a obstinação não pode continuar fazendo parte do caráter dos ministros. Se, mesmo sendo homens e mulheres de Deus, por algum motivo, deixamos esse pecado entrar no coração, precisamos de arrependimento. Caso isso não aconteça, acabaremos nos tornando responsáveis por devastadoras bancarrotas espirituais. Foi assim que Lúcifer, agindo segundo a sua própria vontade, foi banido do céu.

"Como caíste do céu, ó, estrela da manhã, filha da alva! Como foste lançado por terra, tu que debilitavas as nações! E tu dizias no teu coração: Eu subirei ao céu e, acima das estrelas de Deus, exaltarei o meu trono e no monte da congregação me assentarei, da banda dos lados do norte. Subirei acima das mais altas nuvens e serei semelhante ao Altíssimo. E, contudo, levado serás ao inferno, ao mais profundo do abismo."

Isaías 14:12-15

Exemplo de Adão

Adão tinha uma direção clara e específica de como deveria agir no Éden. O Senhor lhe falou pessoalmente, instruiu e explicou inclusive os motivos pelos quais deveria obedecer. Ludibriado pelas circunstâncias, ele não obedeceu à ordem de Deus. Assim que agiu conforme a sua vontade, foi posto para fora do jardim.

"O Senhor Deus, pois, o lançou fora do jardim do Éden, para lavrar a terra, de que fora tomado. E, havendo lançado fora o homem, pôs querubins ao oriente do jardim do Éden e uma espada inflamada que andava ao redor, para guardar o caminho da árvore da vida."

Gênesis 3:23-24

Exemplo de Caim

Caim é outro triste exemplo de um coração obstinado. Ele teve a oportunidade de se arrepender. O próprio Deus o instruiu a fazê-lo. Porém, preferiu dar vazão aos sentimentos amargurados e seguir nas atitudes malignas. Assim que agiu de forma obstinada, matando o seu irmão, o Senhor declarou que ele se tornaria um fugitivo errante pelo mundo.

"E, agora, maldito és tu desde a terra, que abriu a sua boca para receber da tua mão o sangue do teu irmão. Quando lavrares a terra, não te dará mais a sua força; fugitivo e errante serás na terra."

Gênesis 4:11-12

Exemplo de Balaão

O nome "Balaão" significa "devorador do povo" ou "conquistador do povo". É um símbolo daqueles que usam as ovelhas para tirar proveito, que usam as pessoas para o seu próprio benefício. A Bíblia diz que ele tinha sido um profeta a quem o próprio Deus veio.

"E veio Deus a Balaão e disse: Quem são estes homens que estão contigo?"

Números 22:9

> *Se não estivermos dispostos a esperar pela nossa recompensa no céu, poderemos, de igual modo, nos desviar e acabaremos também na condição de adivinhos, cujo fim não é abençoado.*

Aquele homem foi um profeta a quem o Senhor se manifestou pessoalmente, mas, quando foi tentado a usar o seu dom profético para obter riquezas e glória para si, acabou cedendo ao pecado. Ao morrer, foi tido como um adivinho. Se não estivermos dispostos a esperar pela nossa recompensa no céu, poderemos, de igual modo, nos desviar e acabaremos também na condição de adivinhos, cujo fim não é abençoado.

"Também os filhos de Israel mataram, ao fio de espada, a Balaão, filho de Beor, o adivinho, como os mais que por eles foram mortos."

Josué 13:22

Alerta no livro de Judas

Em Judas, há uma descrição interessante para aqueles que usam um dom em benefício próprio. Nomina esses ministros como "estrelas errantes". Esta é uma característica dos que são falsos num ministério; eles vão de um lugar para outro, sem um curso estabelecido. A rejeição que ocorre com a obstinação os faz desviar do caminho que Deus estabeleceu para as suas vidas.

"Ai deles, porque entraram pelo caminho de Caim e foram levados pelo engano do prêmio de Balaão e pereceram na contradição de Coré. Estes são manchas em vossas festas de amor, banqueteando-se convosco e apascentando-se a si mesmos sem temor; são nuvens sem água, levadas pelos ventos de uma para outra parte; são como árvores murchas, infrutíferas, duas vezes mortas, desarraigadas; ondas impetuosas do mar, que escumam as suas mesmas abominações; estrelas errantes, para os quais está eternamente reservada a negrura das trevas."

Judas 11-13

Cuidado com os aplausos

Todo servo do Senhor que se dedica a uma vida ministerial sofre seduções. O inimigo irá sempre oferecer banquetes em troca de sua santidade. A esse respeito, existem três principais áreas em que a tentação ocorre: financeira, política ou sexual. Infelizmente, é o que se constata quase sempre que há a queda de um homem de Deus.

No caso de Balaão, um ganho financeiro e político foi o que trouxe a sua derrota. Balaque, rei de Moabe, ofereceu-lhe grandes riquezas e autoridade. A condição era que ele usasse o seu dom profético contra o seu próprio povo, em favor dos propósitos do rei. Da mesma forma somos tentados, sutilmente, para mudar a mensagem que o Senhor nos mandou entregar. Por vezes, o profeta pode amenizar a sua palavra ou ser mais aceitável por causa daqueles que colaboram financeiramente. Este não é um fato generalizado, mas, com certeza, ainda acontece em nosso meio. O livro de Provérbios afirma:

"O que é ávido por lucro desonesto transtorna a sua casa, mas o que odeia o suborno, esse viverá."

Provérbios 15:27

> *Se um homem de Deus passa a se alimentar dos aplausos que são lançados sobre ele, em pouco tempo, estará ministrando por causa desse reconhecimento.*

Mais um aspecto sútil e perigoso do assunto do qual estamos falando é a vaidade. Pessoas bem-sucedidas em seu ministério precisam estar em constante vigilância, para que a estima que os outros têm não se torne em gloria para si. Se um homem de Deus passa a se alimentar dos aplausos que são lançados sobre ele, em pouco tempo, estará ministrando por causa desse reconhecimento. Se assim fizer, logo, será tentado a mudar a sua mensagem, de modo que venha a agradar a quem está ouvindo. Vejamos o que Jesus disse sobre isso:

"Quem fala por si mesmo está procurando a sua própria glória; mas o que procura a glória de quem o enviou, esse é verdadeiro e nele não há injustiça."

João 7:18

"Como podeis crer, vós os que aceitais a glória uns dos outros e, contudo, não procurais a glória que vem do Deus único?"

João 5:44

Podemos pedir, sim, mas o realizar é completamente diante de Sua vontade

Capítulo 9

Buscando o Dom de Cura

Como todo bom cristão assim que chega à igreja, eu era apaixonada pelo dom de curas e maravilhas. Comecei, então, a correr atrás dessas manifestações. Já falei sobre esse sonho no livro "Mergulhando em Deus", da mesma série, mas vou relatar mais alguns casos, para dar ênfase ao chamado que o Senhor tem para cada um de nós.

Com o tempo, aprendi que, quando nascemos, existe algo que o Pai já determinou para se cumprir em nossas vidas. Podemos pedir, sim, mas o realizar é completamente diante de Sua vontade. Ele age com propósitos e não por nossa vontade e desejos. E nos dá toda a capacitação que precisamos para realizar a sua obra aqui na terra.

Quando nova convertida e cheia de sonhos para o meu ministério, algo começou a acontecer que eu não entendia. Um dia, fui orar com o pai de uma pastora da nossa igreja, que era médico e maçom. Em fase terminal, estava consciente, mas sem falar. Então, falei sobre o Senhor, sobre o lugar que tinha preparado e que estava lhe esperando.

Mesmo entubado e sem conseguir ser ouvido, aquele homem aceitou a Jesus com o fechar e abrir dos olhos. Fui embora toda feliz e com esperança de que fosse melhorar. Para a minha surpresa, no dia seguinte, estávamos todos dentro de uma loja maçônica, em seu velório. Eu estava triste e feliz ao mesmo tempo, pois sabia o que havia acontecido no dia anterior.

Sem saber o porquê, comecei a orar por outras pessoas no mesmo estado e elas morriam rapidamente. Então, passaram a me chamar mais para que orasse por aqueles que precisavam descansar no Senhor do que para curá-los. Isso me entristecia muito. Eu era apaixonada pelas curas. Comecei a buscar mais conhecimento na área, a ponto de colocar o dom maior do que Deus no meu coração.

Passei a "adorar" o dom, mas nada mudava. Via mais pessoas morrendo do que sendo curadas. E assim foi até entender sobre o Plano de Salvação e que essas manifestações não são do meu controle e da minha vontade e, sim, do Espírito Santo.

Na Enfermaria

Constantemente, eu ia orar em hospitais. Todas as vezes que sabia que um irmão estava internado, tratava logo de fazer uma visita. Amava as Enfermarias, pois nelas havia muitas pessoas nos leitos para receber orações. Saía sempre me identificando e pedindo para ministrar. Ninguém recusava.

Certa vez, fui a um Pronto Socorro e, passando por uma Enfermaria, vi um moço muito magro. Deitado, somente com uma fralda descartável, suava muito. Perguntei sobre aquele paciente à enfermeira, que me disse que estava muito mal e inconsciente. Orei e fui embora. Chegando à loja onde trabalhava, comentei com a minha sobrinha, que respondeu o que eu não gostaria de ouvir: "Então, amanhã, vamos saber sobre ele!" E sorriu.

Passaram-se uns dias e a enfermeira chegou à loja, me perguntando se me lembrava daquele homem. Respondi positivamente. A minha sobrinha deu um sorriso e entrou. A mulher que nos visitava disse que ele tinha melhorado, pedido leite e recuperado a consciência. Perguntei se havia feito o convite para que aceitasse a Jesus e ela me explicou que, como funcionária, não podia fazer isso, mas eu, sim.

Tratei de ir, rapidamente, ao Pronto Socorro. Ao chegar, me identifiquei e fui orar com o moço. Fiz como sempre fazia e ele aceitou a Jesus com o abrir e fechar das mãos. Depois, fui embora. Alguns dias se passaram e um jovem foi à minha loja, se identificando como seu filho. Perguntei, toda feliz, se o homem havia melhorado e ele, então, respondeu que o Senhor o havia recolhido no mesmo dia que orei, no hospital. Fiquei triste, como sempre, e ouvi o seu relato:

- Estava no orelhão falando com a minha família quando a senhora entrou e orou por ele. Eu me converti há mais de 20 anos e, desde então, o meu pai me mandou sair de casa. Nunca mais falou comigo ou me permitiu ir à sua casa!

Fiquei silenciosa e atenta ao que me dizia. E o jovem continuou:

- Ele era macumbeiro e pai de santo. O seu trabalho era matar pessoas e destruir casamentos. Sempre orei por sua vida. E, agora, no último minuto, Deus levou a senhora ali para que encontrasse salvação e arrependimento. Naquele dia, após a sua saída, o meu pai me contou o que aconteceu, se arrependeu, choramos muito e ele foi embora.

Plano de Salvação

Daquele dia em diante, passei a crer que, se em uma casa tivesse um fiel, Deus salvaria a sua geração por amor a Ele. A Palavra nos fala também sobre isso quando vemos o que aconteceu com Ló e sua parentela. Foram salvos por amor a Abraão. Entendi que, para algumas pessoas, havia chegado o tempo de ir embora e que, mais do que curá-las, o Senhor queria salvá-las. Olho até hoje para os meus familiares e digo: "Senhor, na minha casa tem um fiel. Salve a minha família!"

Quando somos fiéis, estamos plantando algo que será colhido por nossa geração

Foi por amor a Noé que Deus não destruiu o mundo e a sua família se salvou com ele. Foi por amor a Moisés que o Pai não acabou com aquele povo no deserto e os seus filhos entraram na terra que manava leite e mel. Por amar a Jó, o Senhor restituiu os seus filhos, mais bonitos e formosos do que os que morreram. Quando somos fiéis, estamos plantando algo que será colhido por nossa geração.

> *Foi confirmado que era de Deus o que havia falado. Fiquei triste, pois temia muito o dom*

Passei a entender mais a ação do Senhor nesta área de cura, mesmo vendo poucas pessoas sendo curadas. Mas precisava aprender sobre outro dom. Uma noite, como sempre, estávamos orando e senti no meu interior a vontade de ir até um sobrinho meu e colocar as mãos em seu peito. Quando o fiz, de repente, algumas palavras começaram a sair dos meus lábios. Após isso, fui levada a uma obreira que estava conosco. Foi confirmado que era de Deus o que havia falado. Fiquei triste, pois temia muito o dom.

Depois do episódio, acreditei que nunca mais aconteceria comigo essa manifestação. Pensei que teria sido somente uma única vez, como a mula de Balaão. Para a minha surpresa, uns dias adiante, aquilo aconteceu novamente. Depois de chorar bastante, orei e falei com Deus durante uma semana. Tentei barganhar com Ele os dons. Dizia: "Então, o Senhor me usa para curar e não me usa para profetizar! Está bom, Pai?"

Deus não me ouvia e, se ouvia, devia dar risadas lá em cima. Ele nunca respondeu nada em relação à minha oração. Sempre tive muito temor do dom de profecia. Ao contrário do dom de cura, nunca me empolguei com ele. E, naquela época, não conhecia as suas expressões. Acreditava que era somente na Palavra dita. Até que passei a ver a sua manifestação em outras coisas, como roupas de coreografia, teatro, apresentações e, hoje, vejo o que aconteceu ao escrever livros.

Quando escrevo, o Espírito Santo me leva a estudar um determinado tema. Tudo o que vejo na TV, na rua ou nas pregações falam sobre o assunto. Ele me conduz a começar a escrever e vai me mostrando o que colocar, item por item, como este material que está em suas mãos. O que faço é com responsabilidade, pois, quando temos um dom profético, tudo deve ser exercido com cuidado e temor.

> *Sem a interpretação clara, é impossível ter uma carreira profética aprovada.*

Capítulo 10

Interpretando as Revelações

Algo fundamental para quem exerce o ministério profético é interpretar com exatidão as revelações que Deus tem dado. Compreender o que Ele deseja expressar é essencial para sermos bem-sucedidos naquilo para que fomos chamados. Sem a interpretação clara, é impossível ter uma carreira profética aprovada.

Como foi dito, são três os componentes de uma palavra profética: a revelação, a interpretação e a aplicação. O segundo é o elemento básico, uma vez que envolve a compreensão do que Deus está dizendo. E é aí, ao interpretar, que mais as pessoas têm cometido erros. Alguns reconhecem quando Ele fala, mas não compreendem o que está dizendo.

Para reconhecer o que o Pai está falando, é preciso termos alguns conceitos em mente. O primeiro é que Ele escolhe as formas com as quais deseja falar, como já tratamos. Algumas vezes, as maneiras são um tanto estranhas. Há diversas razões para o Senhor assim proceder. Uma delas foi delineada por um jovem profético, de nome Eliú, na história de Jó.

"Antes, Deus fala uma e duas vezes; porém, ninguém atenta para isso. Em sonho ou em visão de noite, quando cai sono profundo sobre os homens e lhes sela a sua instrução, para apartar o homem do seu desígnio e esconder do homem a soberba."

Jó 33:14-17

> *Ele usará uma visão, um sonho, uma impressão ou algum outro fenômeno para chamar a nossa atenção.*

Certo é que, quando Deus quer nos atrair, se utiliza de vários meios. O seu desejo é estarmos próximos, mais perto dEle. Por mais estranhos e incomuns que os seus métodos possam parecer, o que importa é que o Senhor quer falar. Os caminhos para tanto, algumas vezes, são diferentes por nossa própria causa. Somos propensos a não observarmos o que é rotineiro. Por isso, muitas vezes, Ele usará uma visão, um sonho, uma impressão ou algum outro fenômeno para chamar a nossa atenção.

"E apascentava Moisés o rebanho de Jetro, seu sogro, sacerdote em Midiã; e levou o rebanho atrás do deserto e chegou ao monte de

Deus, a Horebe. E apareceu-lhe o anjo do Senhor em uma chama de fogo do meio duma sarça; e olhou e eis que a sarça ardia no fogo; e a sarça não se consumia. E Moisés disse: Agora, me virarei para lá e verei esta grande visão, porque a sarça não se queima. E, vendo o Senhor que se virava para ver, bradou Deus a ele do meio da sarça e disse: Moisés, Moisés. Respondeu ele: Eis-me aqui.”

Êxodo 3:1-4

Quando damos atenção ao fenômeno e começamos a investigar, então, Deus nos fala e nos traz à sua presença. Se não nos virarmos para observar uma manifestação que o Senhor inicia, não ouviremos a sua voz. Moisés precisou agir assim. Se não o fizesse, jamais teria libertado o povo da escravidão. Havia passado 40 anos cuidando de ovelhas em um lugar desértico. Já tinha visto muitas sarças pegarem fogo; aquela, porém, não se consumia.

> *Ao perceber que aquele fato saía do normal, ele deixou a sua rotina para ter a estranha visão.*

Ao perceber que aquele fato saia do normal, ele deixou a sua rotina para ter a estranha visão. Ao fazer isso, caminhou em direção a uma revelação que mudaria a sua vida. O versículo quatro do capítulo três de Êxodo afirma que, “vendo Deus a atitude de Moisés de virar-se, para prestar atenção, então, falou”.

Isso nos ensina a nos esforçarmos para entendermos a revelação de um fenômeno profético.

Dependência dEle

> *Não raro, pessoas que têm o dom de interpretação não têm facilidade de receber uma revelação.*

Algo interessante que acontece em nosso meio é a interdependência como corpo. A razão de, algumas vezes, Deus falar conosco de maneira estranha é para interagirmos uns com os outros. Em muitos casos, os que recebem uma visão ou qualquer tipo de manifestação possuem pouca habilidade para interpretá-la e necessitam de alguém para isso. Não raro, pessoas que têm o dom de interpretação não têm facilidade de receber uma revelação.

> *As Palavras do Senhor que trazem revelação são como joias preciosas. É preciso garimpá-las*

Mais um motivo de Deus falar através de algo a ser interpretado é para que possamos buscá-lo. Existem preciosidades que o Pai só revela para aqueles que procuram conhecê-lo na intimidade. Quando precisamos nos esforçar para ter algo, damos valor ao que queremos. As Palavras do Senhor que trazem revelação são como joias preciosas. É preciso garimpá-las.

"A glória de Deus é encobrir as coisas, mas a glória dos reis é esquadrinhá-las."

Provérbios 25:2

Se quisermos interpretar o que a Palavra de Deus está, realmente, querendo transmitir aos nossos corações, devemos ter muita cautela, temor e busca constante. A revelação e o discernimento completo virão do Senhor. Precisamos entender que o maior interessado em transmitir a mensagem é o Pai e Ele tem os seus modos. A sua maneira é sempre a melhor para ser seguida.

Verdadeira profecia

> *Uma profecia dada por alguém jamais deverá substituir ou ter maior importância do que princípios e doutrinas já estabelecidos por Deus.*

Outro fato que precisamos ter em mente é que toda palavra profética deve estar submetida às Escrituras Sagradas. Qualquer interpretação que esteja em contradição com a Bíblia pode ser descartada. A Palavra escrita é a base de orientação para qualquer manifestação. Uma profecia dada por alguém jamais deverá substituir ou ter maior importância do que princípios e doutrinas já estabelecidos por Deus.

A Bíblia também é uma fonte de interpretações para simbolismos. Não é raro, ainda hoje, o Senhor usar símbolos bíblicos em visões, sonhos ou impressões proféticas. Há várias razões para que isso aconteça. Primeiramente, porque devemos amar as Escrituras e tê-las em maior estima. Outro motivo é que, quando estudamos tais expressões, somos levados a ter contato com a Palavra escrita e isso fica impresso no nosso ser.

Para interpretarmos o simbolismo da Bíblia, temos que conhecer a Palavra de Deus escrita. É importante passar o maior tempo que pudermos estudando as Escrituras e nos firmando nelas. Além de nos ajudar a interpretar uma revelação, é impressionante a mudança que acontece em nossas vidas quando começamos a guardar no coração o que o Senhor diz.

Tendo este entendimento quando nova convertida, todas as vezes que não compreendia uma visão ou palavra profética, eu mergulhava em Deus e nas Escrituras, para entender a sua revelação ou a visão. Faço isso até hoje, mesmo com um entendimento maior da Bíblia. Ela é a nossa profecia. Aliás, toda profecia verdadeira já está contida nela.

Jesus no barracão

Em minhas andanças ministeriais, eu e Tatiane, uma jovem, filha do pastor presidente do ministério do qual fazia parte, fomos realizar um culto. Como de costume, em uma terça-feira, nos dirigimos a um barracão bem pequeno no fundo da casa de um irmão, em um bairro distante. Entramos no ônibus e começou a chover. Descemos correndo e fomos direto para o local. Havia um cachorro dentro e, como a chuva estava muito forte, o deixamos lá.

Começamos o culto. Nós duas nos revezávamos nas ministrações e aquele cachorro permanecia ali. Nem se mexia. Um pouco depois, chegou a dona da casa e a reunião continuou. Quando já estava quase acabando, um irmão chegou, dizendo: "Estava em casa, fechando um relatório financeiro. Jesus me mandou parar e vir participar com vocês!" Que alegria, pois ele era o único com carro.

A presença do Senhor estava manifesta naquele lugar. Em dado momento, olhei para um lado e vi a figura de um homem branco - um branco que não tinha visto ainda. Ele flutuava no ar. No rumo dos seus pés, havia um brilho, como latão reluzente. Não tinha cabeça formada, mas, no lugar de seus olhos, saíam duas espadas de fogo. Foi difícil deixar aquele lugar naquele dia. Fomos direto para casa. Cheguei e nem me sequei. Comecei a procurar na Bíblia. Queria saber o que a Palavra de Deus dizia sobre aquela visão. Fiquei muito feliz quando encontrei.

"E, no meio dos sete castiçais, um semelhante ao Filho do Homem, vestido até aos pés de uma veste comprida e cingido pelo peito com um cinto de ouro. E a sua cabeça e os cabelos eram brancos como lã branca, como a neve, e os olhos, como chamas de fogo; e os seus pés, semelhantes a latão reluzente, como se tivesse sido refinado numa fornalha; e a sua voz, como a voz de muitas águas."

Apocalipse 1:13-15

Tive a certeza de que aquela visão era de Jesus conosco, num lugar tão pequeno, tão simples. Era um espaço inadequado e dividido até com um cão, mas Ele resolveu vir ao nosso encontro. O que vi foi um marco na minha vida. Então, aprendi algumas coisas:

- *Chuva, para mim, passou a ser profético;*

- *O Senhor vem ao nosso encontro quando o buscamos de todo o coração e não por causa da enorme multidão que está ao nosso redor;*

- *Em três meses, tivemos que mudar de local três vezes, pois o lugar do culto enchia de pessoas. Ficava cheio até a parte de fora;*

- *Daquele lugar saíram duas igrejas muito bem estruturadas, nos dias de hoje, naquele bairro;*

- *Todos os quatro irmãos que ali estavam, hoje, são pastores.*

Jesus chegou naquele lugar e essa é a diferença. Ele veio e mudou a sorte daquela região e marcou as nossas vidas para sempre. Se quisermos nos mover nos dons, precisamos construir o nosso altar pessoal, buscando ao Senhor em espírito e em verdade.

*...não como regra, pois a revelação
e o conhecimento devem vir
do Espírito Santo*

Capítulo 11

Significado dos Símbolos

Vou relacionar aqui exemplos de simbolismos que Deus usa para falar conosco, não como regra, pois a revelação e o conhecimento devem vir do Espírito Santo. Por isso, não vou passar todos os que conhecemos. Busque o discernimento. Alguns símbolos que citarei a seguir são contemporâneos, ou seja, não se encontram na Bíblia, porque, naquela época, não existiam tais coisas. Mas eles têm significado para nós.

O Senhor, na sua multiforme graça, pode utilizar símbolos dos mais diferentes tipos e significados. Mas, pesquisando a respeito do assunto, descobri algumas figuras contemporâneas pelas quais Ele pode se expressar. Procurei aqui, nesse capítulo, resumir conceitos de colegas, testemunhos de irmãos e experiências pessoais. Vejamos:

Bicicleta: Aprendi que sonhar ou ter visão com uma bicicleta significa um ministério local. Ninguém nasce sabendo pedalar. Ninguém aprende a andar sobre ela somente olhando. É necessário subir. No início, ficamos tortos, caímos e nos machucamos. Temos a decisão de desistir ou perseverar. Tentamos novamente e nos ferimos de novo. Assim vamos até conseguirmos. Depois, experimentamos usá-la até sem as mãos, saltamos obstáculos e a dominamos.

Entendi que assim seria o dom profético. No começo, não sabia como fazer. Poderia, na caminhada, me machucar. Eu tinha as duas opções: desistir ou perseverar. E, perseverando, com o tempo, iria saber lidar com o que Deus entregou a mim. O ministério é dessa maneira. Não aprendemos somente olhando. Temos que ter as nossas próprias experiências;

Carro: Diz respeito a um ministério local ou pessoal;

Ônibus: Pode referir-se a um ministério numa congregação ou uma organização ministerial, porque ele, normalmente, é usado para transportar grupos de pessoas;

Moto: Tem sido usada para o caso de um ministério profético. E isso por diversas razões. Quando você anda de moto, tem uma visão aumentada, uma aceleração mais rápida e uma maior maneabilidade, além de grande estabilidade em altas velocidades. Mas tem também menos proteção. O motociclista é mais sensível a mudanças ao dirigir a moto. Todos esses pontos são apropriados aos que ministram profeticamente;

Avião: Pode significar ministérios de âmbito nacional ou internacional, por ter um alcance bem maior do que os outros meios de transporte. Pode ainda simbolizar um ministério grande e rápido. O avião alcança uma distância longa, em pouco tempo e com várias pessoas nele. Suporta peso e tem estrutura para se locomover com precisão e agilidade;

Dentes: Eles simbolizam relacionamento. No livro de Cantares, Salomão fez poesias para elogiar os dentes de sua noiva:

"Seus dentes são como um rebanho de ovelhas recém-tosquiadas."

Cantares 4:2

Ovelhas: Nas Escrituras, geralmente, representam pessoas. Os rebanhos têm a ver com grupos e com relacionamento entre grupos;

Telhado de uma casa: Quer dizer cobertura. Nas Escrituras, fala de proteção e segurança;

Cama arrumada: Pode ser que Deus esteja dando descanso a uma pessoa. Cama desarrumada pode ter o sentido de que o inimigo esteja tentando perturbar alguém, querendo impedir que descanse no Senhor ou que esteja em paz.

Compreensão bíblica

E devemos dar uma atenção especial para os que já estão nas Escrituras.

O conhecimento sobre símbolos é, de fato, fundamental para quem deseja ter interpretações de profecias. E devemos dar uma atenção especial para os que já estão nas Escrituras. Porém, lembrando que é muito mais imperativo ter uma compreensão geral da Bíblia do que, simplesmente, estudar as suas simbologias de forma isolada. Temos uma afirmação de Jesus de que aprenderemos coisas com o próprio Espírito.

"Mas o Consolador, o Espírito Santo, a quem o Pai enviará em meu nome, esse vos ensinará todas as coisas e vos fará lembrar de tudo o que vos tenho dito."

João 14:26

A palavra "discernir" significa "distinguir uma coisa dentre outras".

O Espírito Santo é aquele que nos ajuda nas interpretações e nos faz lembrar dos exemplos das Escrituras. Ele é quem nos guia a toda verdade e nos dá discernimento. A palavra "discernir" significa "distinguir uma coisa dentre outras". A capacidade de distinguir os detalhes tem, em muitos casos, uma grande importância ao buscarmos uma interpretação. Algumas vezes, a mesma figura pode ter vários sentidos. Por isso, é necessário analisarmos todos os conceitos em que está inserida. Vejamos:

Exemplo da serpente

Quando pensamos em uma serpente na Bíblia, a primeira imagem é a cena no Éden. E, de fato, lá ela simboliza o mal, Satanás, o engano. Mas, em outros contextos, essa mesma figura pode apontar para Jesus, uma cura ou até mesmo alguém sábio.

"Mas a serpente, mais sagaz que todos os animais selváticos que o Senhor Deus tinha feito, disse à mulher: É assim que Deus disse: Não comereis de toda árvore do jardim? Respondeu-lhe a mulher: Do fruto das árvores do jardim podemos comer, mas do fruto da árvore que está no meio do jardim, disse Deus: Dele não comereis nem tocareis nele, para que não morrais. Então, a serpente disse à mulher: É certo que não morrereis."

Gênesis 3:1-4

A serpente de bronze levantada numa haste no deserto era o tipo de uma imagem de Jesus sendo levantado.

"E, como Moisés levantou a serpente no deserto, assim importa que o Filho do Homem seja levantado, para que todo aquele que nele crê não pereça, mas tenha a vida eterna."

João 3:14-15

A serpente sozinha pode falar de sabedoria, pois devemos ser prudentes como as serpentes.

"Eis que vos envio como ovelhas ao meio de lobos; portanto, sede prudentes como as serpentes e inofensivos como as pombas."

Mateus 10:16

A serpente entrelaçada numa haste é um símbolo contemporâneo da profissão médica, que pode referir-se, profeticamente, à cura. Podemos citar o que aconteceu com o povo de Israel.

"Disse o Senhor a Moisés: Faze uma serpente abrasadora, põe-na sobre uma haste e será que todo mordido que a mirar viverá. Fez Moisés uma serpente de bronze e a pôs sobre uma haste; sendo alguém mordido por alguma serpente, se olhava para a de bronze, sarava."

Números 21:8-9

Piton: Na mitologia grega, é uma serpente gigantesca, que nasceu do lodo na terra, após o grande dilúvio. Ela foi mandada por Hera para perseguir um homem chamado Leto. Este aniquila com a língua, soltando o seu veneno mortal. Estrangula e sufoca as suas vítimas, até que façam o que ele quer. Tal serpente representa um espírito em forma associado ao principado de Jezabel.

Eis aqui uma série de advertências no caso de um símbolo que pode representar tanto Satanás como Jesus. O que temos que fazer é dar atenção ao Senhor e aos detalhes. Não podemos ficar dependendo de um sistema de interpretação. Além disso, não fomos deixados à mercê de ideias humanas. Temos algo melhor do que isso: Servimos a um Deus vivo, que fala Palavra viva para nós. O seu Espírito nos guia ao discernimento.

OBJETOS

A lista a seguir traz somente algumas orientações gerais, que não devem ser usadas como um conjunto definitivo de significados. Entretanto, podem ser úteis como ponto de partida. Vejamos:

Altar: Lugar de sacrifício;

Âncora: Segurança;

Cesto: Provisão;

Corrente: Escravidão;

Capa: Proteção, unção;

Fogo: Purificação;

Capacete: Proteção para a mente;

Ferro, latão: Julgamento;

Linho: Justiça;

Prumo: Padrão de Deus;

Trombeta: Voz profética;

Poço: Vida eterna, salvação;

Seta: Sofrimento ou convicção;

Celeiro: Depósito para o futuro:

Pão: Jesus, a Palavra;

Cidade: Estabilidade, segurança;

Porta: Entrada, oportunidade;

Martelo: Palavra de Deus;

Casa: Igreja

Lâmpada: Palavra de Deus, iluminação;

Rede: Mensagem do Evangelho;

Vara: Proteção;

Torre: Segurança;

Janela: Iluminação

Pomba: Paz, Espírito Santo;

Serpente: Cura, sabedoria, perigo;

Leão: Jesus, o Leão de Judá.

*Aquele que, desde o princípio,
tem chamado as gerações à existência,
eu, o Senhor, o primeiro e,
com os últimos, eu mesmo*

Capítulo 12

Significado dos Números

Para estabelecermos um pensamento sobre este assunto, tomarei alguns conceitos do "Manual dos Números Bíblicos", de Dan Duke (publicação autorizada pela equipe do autor – Escritório Uma Chamada para as Nações). O objetivo é o de termos clareza da importância dos números na leitura bíblica e na interpretação profética.

UM (1): UNIDADE, DEUS, COMEÇO

UNIDADE

a) Deriva-se da palavra latina "unu", que quer dizer "um";

b) *João 10:30* – "Eu e o Pai somos um";

c) *João 17:20-22* – "A fim de que sejam um em nós";

d)   Atos 4:32 - A companhia dos cristãos – um coração e uma alma.

DEUS

a)   Gênesis 1:1 - "No princípio, criou Deus os céus e a terra";

b)   Isaías 41:4 - "Quem fez e executou tudo isso? Aquele que, desde o princípio, tem chamado as gerações à existência, eu, o Senhor, o primeiro e, com os últimos, eu mesmo".

DOIS (2): TESTEMUNHA, DIVISÃO OU SEPARAÇÃO, CONFIRMAÇÃO

TESTEMUNHA

a)   Deuteronômio 19:15 - "Uma só testemunha não se levantará contra alguém por qualquer iniquidade ou por qualquer pecado, seja qual for que cometer; pelo depoimento de duas ou três testemunhas, se estabelecerá o fato";

b)   Lucas 10:1 - "Depois disso, o Senhor designou outros setenta; e os enviou de dois em dois, para que o precedessem em cada cidade e lugar onde ele estava para ir".

DIVISÃO OU SEPARAÇÃO

a)   Êxodo 8:23 - "Farei distinção entre o meu povo e o teu povo; amanhã, se dará este sinal";

b)   Mateus 24:40-41 – "Então, dois estarão no campo, um será tomado e deixado o outro; duas estarão trabalhando num moinho, uma será tomada e deixada a outra".

CONFIRMAÇÃO

a) Mateus 18:16 - "Se, porém, não te ouvir, toma ainda contigo uma ou duas pessoas, para que, pelo depoimento de duas ou três testemunhas, toda palavra se estabeleça";

b) 1 Timóteo 5:19 - "Não aceites denúncia contra presbítero, senão exclusivamente sob o depoimento de duas ou três testemunhas".

TRÊS (3): TRINDADE, RESSURREIÇÃO, ADORAÇÃO ESPIRITUAL

TRINDADE

a) Mateus 28:19 – "Ide, portanto, fazei discípulos de todas as nações, batizando-os em nome do Pai, do Filho e do Espírito Santo";

b) 1 João 5:6 - "Quem é o que vence o mundo senão aquele que crê ser Jesus, o Filho de Deus? Este é aquele que veio por meio de água, mas também com a água e com o sangue. E o Espírito é o que dá testemunho, porque o Espírito é a Verdade".

RESSURREIÇÃO

a) Três pessoas foram ressuscitadas no Antigo Testamento:
1) 1 Reis 17:17-22 - Um menino;
2) 2 Reis 4:16-36 - O filho da sunamita;
3) 2 Reis 13:21 - Um homem.

b) Mateus 12:40 - "Porque, assim como esteve Jonas três dias e três noites no ventre do grande peixe, assim o Filho do Homem estará três dias e três noites no coração da terra";

c)   Jesus fez três pessoas ressuscitarem dentre os mortos:
   1) Lucas 7:12-15 - O filho de uma viúva;
   2) Lucas 8:41-55 - A filha de Jairo;
   3) João 11:38-44 – Lázaro.

ADORAÇÃO ESPIRITUAL

a)   Levítico é o terceiro livro da Bíblia. Aqui, descobrimos as três festas do Senhor. Elas eram festas de adoração de Israel;

b)   Levítico contém 27 capítulos (3 x 9). O número três é para adoração e o nove, para finalidade. Deus falou a Faraó nove vezes "Deixe o meu povo ir, para que possa me servir (adorar)".

QUATRO (4): AQUILO QUE É CRIADO

a) Diz respeito a uma dependência total no Criador. Vimos que o número três simboliza a Trindade. Já o quatro é composto pela soma dos números três e um (3 + 1 = 4). A criação procedeu a Trindade;

b)   Os quatro elementos: terra, ar, fogo e água;

c)   *Gênesis 8:22* - As quatro estações do ano: inverno, primavera, verão e outono;

d)   *Isaías 11:12* - Os confins da terra: norte, sul, leste e oeste;

e)   *Jeremias 49:36* - Os quatro ventos;

f) *Ezequiel 1:4-10* - Os quatro seres viventes;

g) *Marcos 13:35* – As quatro divisões do dia: tarde, noite, madrugada e manhã;

h) *1 Coríntios 15:39* - Os quatro seres criados: homens, animais, aves e peixes.

CINCO (5): GRAÇA

a) Este número simboliza graça, redenção e ministério espiritual. O homem natural, em seu estado perdido, necessita da graça;

b) Foram cinco as ofertas no Antigo Testamento. Todas nos falam a respeito do sacrifício de Jesus por nós, da sua graça e de como Ele nos favorece:

1) *Êxodo 20:24* - Pacífica;

2) *Êxodo 29:14* - Pecado;

3) *Êxodo 29:18* - Queimada;

4) *Levítico 2:1* - Cereal;

5) *Levítico 5:6* - Transgressão.

c) Foram cinco os ferimentos de Jesus:

1) Nas mãos, os pregos;

2) Nos pés, os pregos;

3) O lado trespassado por uma lança;

4) Na testa, os espinhos;

5) Nas costas, os açoites.

SEIS (6): O HOMEM COM SUAS LIMITAÇÕES, SATANÁS

O HOMEM

a)   *Êxodo 20:9* - Seis é o número do trabalho do homem, além do descanso de Deus. O homem descansará até o sétimo dia;

b)   *Êxodo 21:2* - Os escravos hebreus tinham que servir seis anos antes de receberem a liberdade;

c)   *Êxodo 24:15-18* - Moisés aguardou seis dias na montanha, antes de Deus revelar-se a ele.

SATANÁS E SUA INFLUÊNCIA

a)   *Gênesis 1:24* - A serpente foi criada no sexto dia;

b)   Jesus foi acusado de estar possesso por um demônio seis vezes:

1) *Marcos 3:22* – "Os escribas, que haviam descido de Jerusalém, diziam: Ele está possesso de Belzebu. E: É pelo maioral dos demônios que expele os demônios";

2) *Lucas 11:15* – "Mas alguns dentre eles diziam: Ele expele os demônios pelo poder de Belzebu, o maioral dos demônios";

3) *João 7:20* – "Respondeu a multidão: "Tens demônio. Quem é que procura matar-te?";

4) *João 8:48* – "Responderam, pois, os judeus e lhe disseram: Porventura, não temos razão em dizer que és samaritano e tens demônio?";

5) *João 8:52* – "Disseram-lhes os judeus: Agora, estamos certos de que tens demônio. Abraão morreu e também os profetas e tu dizes: Se alguém guardar a minha Palavra, não provará a morte, eternamente";

6) João 10:20 – "Muitos deles diziam: Ele tem demônio e enlouqueceu; por que o ouvis?".

OS SEIS NOMES PRÓPRIOS DE SATANÁS

a) *Isaías 14:12* – Lúcifer;

b) *Mateus 10:25, Marcos 3:22* – Belzebu;

c) *Lucas 10:18, Romanos 16:20* – Satanás;

d) *João 12:31; 14:30, Efésios 6:12* – Príncipe (Dominador das Trevas);

e) *Efésios 4:27, Atos 10:38* - Diabo (usado 60 vezes no Novo Testamento);

f) *Apocalipse 12:3-4,7-9,16-17* – Dragão;

AS SEIS MANEIRAS COMO SATANÁS É REVELADO

a) *Juízes 19:22* – Belial;

b) *Jó 41:1, Salmos 74:14, Isaías 27:1* – Leviatã;

c) *Salmos 91:13, Gênesis 3:1-5* - Serpente ou víbora;

d) *Jeremias 9:15, Deuteronômio 29:18, Apocalipse 8:11* - Amargo (absinto, losna - raiz que produz frutos venenosos e amargos);

e) *Atos 7:42-43, Apocalipse 8:10-11* – Estrela;

f) *1 Pedro 5:8* – Adversário.

SETE (7): INTEIREZA, PERFEIÇÃO, DESCANSO

INTEIREZA

a) O Templo de Salomão levou sete anos para ficar pronto;

b) Levítico 16:14 - O sangue era espargido sobre o Propiciatório sete vezes. Isso significava que a obra realizada pelo sangue estava completa;

c) Josué 6:1-20 - Jericó caiu no sétimo dia. O povo havia marchado ao redor da cidade por seis dias, com o sétimo gerando a conclusão;

d) Provérbios 9:1 - A sabedoria tem sete colunas.

PERFEIÇÃO

a) *1 Crônicas 2:15* - Davi, filho de Jessé, sétimo filho, foi a escolha de Deus. Ele simboliza aquele exército de adoradores vencedores que cumprirão a vontade do Senhor em sua geração;

b) *Hebreus 6:1-3* - Os sete princípios doutrinários que compõem a nossa fundação bíblica são listados aqui;

c) Judas 14, Gênesis 5:18-24, Hebreus 11:5 - Enoque, o sétimo filho, foi transladado, não vendo a morte. Ele alcançou perfeição, maturidade e plenitude.

DESCANSO

a) *Gênesis 2:2-3* - Deus descansou no sétimo dia;

b) *Levítico 25:3-4* - No sétimo ano, a terra tinha o seu descanso;

c) *Apocalipse 20:2-3* - O descanso milenar.

OITO (8): UM NOVO COMEÇO

a) *Romanos 6:6-14, Filipenses 3:3, Colossenses 3:11, Gálatas 6:14-15* - A circuncisão, realizada no oitavo dia, era o sinal da aliança com Deus. Ela acontecia no começo da caminhada com o Senhor;

b) *1 Pedro 3:20* - Havia oito pessoas na arca de Noé, as quais estavam ali especificamente com o propósito de povoar novamente a terra e trazer um novo começo para ela.

NOVE (9): FINALIDADE (MANIFESTAÇÃO DO ESPÍRITO, COLHEITA, FRUTO)

a) O número nove é o último algarismo unitário, caracterizando o fim de um ciclo;

b) As mulheres carregam seus bebês no ventre por nove meses;

c) Mateus 27:45-50 - Foi na hora nona que Jesus morreu;

d) 1 Coríntios 12:8-11 - São nove os dons do Espírito:
1)*Palavra de sabedoria;*
2) *Palavra de conhecimento;*
3) *Fé;*
4) *Dons de curar;*
5) *Operação de maravilhas;*
6) *Profecia;*

7) Discernimento de espíritos;

8) Variedade de línguas;

9) Interpretação das línguas.

e) Gálatas 5:22-23 - Existem nove elementos que compõem o fruto do Espírito:

1) Amor;

2) Gozo;

3) Paz;

4) Longanimidade;

5) Benignidade;

6) Bondade;

7) Fidelidade;

8) Mansidão;

9) Temperança.

DEZ (10): LEI, CICLO COMPLETO, GOVERNO

LEI

a) *Êxodo 20:1-17* – Os 10 Mandamentos;

b) *Levítico 27:32* – Dízimo quer dizer um décimo;

c) Existem 10 parábolas no Evangelho de Mateus, sendo:

1) Mateus 13 – Sete, ao todo (Semeador, Joio, Grão de Mostarda, Fermento, Tesouro Escondido, Pérola, Rede);

2) Mateus 22 - Uma (Bodas);

3) Mateus 25 – Duas (10 Virgens, Talentos).

CICLO COMPLETO

a) Noé completou a era antediluviana na 10ª geração;

b) *Deuteronômio 23:3-5* – A 10ª geração completa e representa toda a existência de uma família ou nação;

c) *Mateus 25:1-13* – As 10 virgens.

GOVERNO

a) *Daniel 7:7, Apocalipse 12:3* – Os 10 chifres.

ONZE (11):
DESORDEM, DESORGANIZAÇÃO, CONFUSÃO

a) *Gênesis 11:1-9* - O 11º capítulo da Bíblia nos revela a história de Babel e de como Deus confundiu o povo, gerando desordem;

b) *Isaias 53:8* – Jesus tinha 33 anos de idade quando foi crucificado (3 x 11 = 33 – A Trindade estava desarranjada);

c) *Atos 1:15-26* – Havia apenas 11 apóstolos, mas era necessário ter mais um para que pudesse haver um governo apropriado. Sem esse que faltava, haveria confusão.

DOZE (12): ORDEM DIVINA, GOVERNO,
PERFEIÇÃO GOVERNAMENTAL

a) *Êxodo 28:15-21* – O sumo sacerdote usava um peitoral que suportava 12 pedras, as quais representavam as 12 tribos de

Israel e que é uma indicação do governo de Deus sobre o seu povo;

b) Mateus 10:1-5 – Jesus escolheu exatamente 12 discípulos. Este era o número divino para o governo apostólico;

c) João 11:9 – 12 horas ao dia, 12 horas à noite, 12 meses ao ano. Esta é a ordem de Deus no mundo natural;

d) Apocalipse 7:2-8 – Havia 12 tribos em Israel – a extensão do governo de Deus sobre a terra naquela época;

e) Apocalipse 21:12-21; 22:2 – Estes trechos nos mostram 12 como o número de ordem e governo divino:

1) Apocalipse 21:12 – As 12 portas;
2) Apocalipse 21:12 – Os 12 anjos;
3) Apocalipse 21:14 – Os 12 fundamentos;
4) Apocalipse 21:14 – Os nomes dos 12 apóstolos;
5) Apocalipse 21:16 – Os 12 mil estádios;
6) Apocalipse 21:19-20 – As 12 pedras;
7) Apocalipse 21:21 – As 12 portas;
8) Apocalipse 21:21 – As 12 pérolas.

TREZE (13):
REBELDIA, DESVIO, PECADO, DEPRAVAÇÃO

a) Gênesis 14:4 – Rebelião ocorrida no 13º ano;

b) Jeremias 1:2 – Jeremias foi chamado no 13º ano de Josias, para profetizar contra os judeus rebeldes;

c) *Marcos 7:20-23* – Existem 13 males que saem do interior do coração do homem e o contaminam:

1) Maus desígnios;

2) Prostituição;

3) Furtos;

4) Homicídios;

5) Adultérios;

6) Avareza;

7) Malícias;

8) Dolo;

9) Lascívia;

10) Inveja;

11) Blasfêmia;

12) Soberba;

13) Loucura.

QUATORZE (14): DUPLICIDADE DA PERFEIÇÃO

a) Tem esse significado exatamente por ser múltiplo (dobro) de sete, que indica perfeição. Também diz respeito à Páscoa e à Salvação;

b) *Êxodo 12:5-8* – O cordeiro (que simboliza Jesus) tinha que ser guardado 14 dias para que se pudesse ter certeza de que o animal não tinha defeito, ou seja, que era perfeito. O mesmo era morto na Páscoa;

c) *Números 9:5* – A Páscoa foi celebrada no 14º dia.

QUINZE (15): DESCANSO, ATOS DE GRAÇA

DESCANSO

a) Levítico 23:4-7; 34-35, Ester 9:18 – No 15º dia, não trabalharam;

b) Salmos 120 a 134 – Os 15 cânticos de degraus. Eles relatam a nossa jornada e ascensão através dos degraus e falam sobre entrarmos no descanso.

ATOS DE GRAÇA *(Trindade envolvida em ações de graças)*

a) Gênesis 7:20 – A Arca de Noé foi elevada pelas águas do dilúvio a ficar 15 côvados acima de tudo;

b) 2 Reis 20:6 – Mediante um ato de graça proveniente de Deus, Ezequias teve 15 anos acrescentados à sua vida.

DEZESSEIS (16): PLENITUDE

a) O número oito representa um novo começo. Duplique este número e você obtém 16, que indica a plenitude;

b) Quatro é o número das coisas que são criadas. O auge ou a plenitude da criação é representado no número 16;

c) 2 Crônicas 29:17 – A finalidade era a purificação do templo, que seguiu ao 16º dia. Logo, a consagração estava completa;

d) *1 Coríntios 13:4-8* – Existem 16 características que descrevem o amor. Os mesmos representam o amor em plenitude:

1) Paciente;

2) Benigno;

3) Não arde em ciúmes;

4) Não se ufana;

5) Não se ensoberbece;

6) Não se conduz inconvenientemente;

7) Não procura os seus interesses;

8) Não se exaspera;

9) Não se ressente do mal;

10) Não se alegra com a injustiça;

11) Regozija-se com a verdade;

12) Tudo sofre;

13) Tudo crê;

14) Tudo espera;

15) Tudo suporta;

16) Jamais acaba.

DEZESSETE (17): ORDEM ESPIRITUAL OU PLENO DESENVOLVIMENTO DA ORDEM ESPIRITUAL

a) 10 é o número da lei e sete é o número da perfeição. 10 + 7 = 17, ou seja, ordem espiritual;

b) *Gênesis 7:11-12* – No 17º dia do segundo mês, as janelas dos céus se abriram e houve copiosa chuva, que durou 40 dias e 40 noites. Deus estava restabelecendo a ordem espiritual da terra através do seu juízo;

c) *Romanos 8:35-39* – A seguir, temos uma lista de 17

coisas que não podem nos separar de Cristo. Isso nos deixa saber tanto quanto a perfeição espiritual é eterna, como a ordem do nosso prestígio em Jesus:

1) *Tribulação;*

2) *Angústia;*

3) *Perseguição;*

4) *Fome;*

5) *Nudez;*

6) *Perigo;*

7) *Espada;*

8) *Morte;*

9) *Vida;*

10) *Anjos;*

11) *Principados;*

12) *Potestades;*

13) *Presente;*

14) *Porvir;*

15) *Altura;*

16) *Profundidade;*

17) *Alguma outra criatura.*

DEZOITO (18): ESTAR PRESO OU AMARRADO, ESCRAVIDÃO

a) Juízes 3:12-14 – Os filhos de Israel serviram aos moabitas por um período de 18 anos;

b)   *Juízes 10:6-8* – Mais uma vez, vemos os filhos de Israel servindo a outrem por 18 anos;

c)   *Lucas 13:10-17* – A mulher estava amarrada por um espírito por 18 anos.

DEZENOVE (19):
ORDEM DIVINA ATRAVÉS DO JUÍZO

a)   *2 Reis 25:8-10* – No 19º ano de Nabucodonosor, rei da Babilônia, o juízo do Senhor em Jerusalém;

b)   *Jeremias 52:12-15* – Mais uma vez, o registro do juízo sendo executado, no 19º ano.

VINTE (20): EXPECTATIVA

a)   *Gênesis 31:38-42* – Jacó esperou por 20 anos na expectativa de obter tanto as suas duas esposas como a prosperidade;

b)   *Juízes 4:1-3* – Os filhos de Israel esperaram por 20 anos na expectativa de serem libertos do domínio de Jabim;

c)   *1 Samuel 7:1-2* – Israel esperou por 20 anos na expectativa de rever a arca enquanto esperava em Quiriate-Jearim.

VINTE E UM (21): PERFEIÇÃO DIVINA

a)   Três é o número da Trindade e sete, da perfeição. Logo, 21 simboliza a perfeição divina.

VINTE E DOIS (22): DUPLA DESORDEM

a)   Este número é o dobro de 11 (desordem, confusão, desorganização). Portanto, significa o dobro dessas coisas;

b)   Dois dos piores reis de Israel governaram por 22 anos cada:

> *1) 1 Reis 14:20* – Jeroboão;
> *2) 1 Reis 16:29* – Acabe.

VINTE E TRÊS (23): MORTE

a)   *Romanos 1:28-32* – Paulo lista 23 coisas que são dignas de morte:

> *1) Com disposição mental reprovável;*
> *2) Prática de coisas inconvenientes;*
> *3) Cheios de toda injustiça;*
> *4) Malícia;*
> *5) Avareza;*
> *6) Maldade;*
> *7) Possuídos de inveja;*
> *8) Homicídio;*

9) *Contenda;*

10) *Dolo;*

11) *Malignidade;*

12) *Sendo difamadores;*

13) *Caluniadores;*

14) *Aborrecidos de Deus;*

15) *Insolentes;*

16) *Soberbos;*

17) *Presunçosos;*

18) *Inventores de males;*

19) *Desobedientes aos pais;*

20) *Insensatos;*

21) *Pérfidos;*

22) *Sem afeição natural;*

23) *Sem misericórdia.*

VINTE E QUATRO (24): SACERDÓCIO, GOVERNO CELESTIAL

SACERDÓCIO

a) Josué 4:2-7 – 12 homens tomaram 12 pedras de onde estiveram parados os pés dos sacerdotes por memorial do livramento para o filhos de Israel (12 + 12 = 24);

b) 2 Crônicas 24:1-20 – Nestes versículos, existem 24 divisões do sacerdócio.

GOVERNO CELESTIAL

a) Apocalipse 4:4 – 24 anciãos ao redor do trono.

VINTE E CINCO (25): INTENSIFICADA GRAÇA

a) Já que cinco é o número que representa a graça, a única maneira de obter 25 é multiplicar cinco vezes cinco (5 x 5 = 25). Assim, chega-se à graça multiplicada ou intensificada;

b) *Jeremias 52:31-34* – O rei de Judá, Joaquim, recebeu o perdão do rei da Babilônia no 25º dia do mês.

VINTE E SEIS (26): REBELIÃO INTENSIFICADA

a) Como 13 aponta para rebelião, 26 significa rebelião intensificada (13 + 13 = 26).

VINTE E SETE (27): FIM DO QUE DEUS HÁ DE REALIZAR

a) Este número representa o fim (nove) daquilo que Deus (três) irá fazer na terra (9 x 3). O mesmo representa a soma de tudo o que o Senhor deverá realizar.

TRINTA (30): MATURIDADE, ESTAR PREPARADO PARA O MINISTÉRIO, AUTORIDADE PARA GOVERNAR

a) *Gênesis 41:46* – Era José da idade de 30 anos quando

começou a governar sobre o Egito;

b) Números 4:1-3,21-23,29-30 – Os sacerdotes começavam no ministério com 30 anos;

c) *2 Samuel 5:4* – Davi tinha 30 anos quando começou a governar em Israel;

d) *Lucas 3:23* – Jesus tinha 30 anos quando começou o seu ministério público.

QUARENTA (40): PROVAÇÕES E TESTES, CASTIGO

PROVAÇÕES E TESTES

a) *Êxodo 16:35* – Os filhos de Israel tiveram que comer o maná por 40 anos. Foi o período de provação deles;

b) *Êxodo 24:15-18* – Enquanto Moisés estava no monte, os filhos de Israel foram provados por 40 dias;

c) *Números 13:25-33* – Os 12 espias passaram 40 dias de provação no deserto. Fracassaram no teste;

d) *Deuteronômio 8:2* – Israel foi provado e testado por 40 anos no deserto;

e) *1 Reis 19:4-8* – Elias passou 40 dias sem comer;

f) *Ezequiel 4:6-7* – Ezequiel teve que se deitar no chão e profetizou contra Jerusalém por 40 dias;

g) *Jonas 3:4* – Nínive recebeu 40 dias para arrepender-se;

h) Jesus passou 40 dias no deserto. Ele passou no teste:

   1) Mateus 4:2 – Jejum;

   2) Marcos 1:13 – Foi tentado pelo Diabo;

   3) Lucas 4:2 – Foi testado; ficou sem alimentar-se.

i) *Atos 7:29-30* – Moisés passou 40 anos na terra de Midiã até o Senhor aparecer diante dele. Moisés estava aprendendo que ele próprio não era o libertador e, sim, Deus.

CASTIGO

a) *Gênesis 7:11-12,17* – Deus castigou a terra com um dilúvio por 40 dias e 40 noites;

b) *Deuteronômio 25:3* – Um homem perverso sendo culpado e merecendo pena era açoitado 40 vezes.

CINQUENTA (50): PENTECOSTES, JUBILEU

PENTECOSTES

a) A palavra Pentecostes quer dizer 50;

b) *Levítico 25:8-10, Deuteronômio 16:9-12* – Pentecostes, Jubileu, relacionando ao número 50;

c) *Atos 2:1-4* – No 50º dia após a ressurreição, no dia de Pentecostes, o Espírito Santo foi dado à Igreja.

SETENTA (70) – ORDEM ESPIRITUAL

a) *Números 11:16-17, 24-25* – Ao todo, 70 anciãos de Israel foram ajuntados para auxiliarem Moisés a impor ordem.

Com o passar do tempo, eles compuseram o Grande Tribunal, o Sinédrio;

b)   Daniel 9:24-27 – As 70 semanas de Daniel aparentam se concluir com ordem espiritual, para fazer cessar a transgressão, dar fim aos pecados, etc;

c)   Mateus 18:21-22 – Quantas vezes devemos perdoar? Setenta vezes sete (70 x 7 = 490). Estamos falando do número da ordem de Deus.

CEM (100) – FRUTIFICAÇÃO, MEDIDA COMPLETA (MATURIDADE)

a)   Gênesis 21:5 – Abraão tinha 100 anos de idade quando Isaque nasceu. Ele havia alcançado um nível de maturidade por meio do qual pode receber a promessa de Deus;

b)   Gênesis 26:12 – Isaque semeou naquela terra e colheu 100 vezes mais, ou seja, a medida completa das bênçãos do Senhor;

c)   Marcos 4:8 – Frutificação a 100 por um. Esta é a medida completa, a maturidade completa;

d)   Marcos 10:29-30 – Temos a promessa de receber 100 vezes mais no presente (uma medida completa);

e)   Lucas 15:3-7 – O pastor tinha 100 ovelhas. Ele deixou as 99 para ir atrás daquela que havia se perdido (99 + 1=100).

CENTO E VINTE (120) – FIM DE TODA A CARNE

a) Gênesis 6:3 – Os anos da vida de um homem já foram de 120;

b) Deuteronômio 34:7 – Moisés tinha 120 anos de idade quando morreu;

c) 2 Crônicas 5:11-14 – Na dedicação do templo de Salomão, havia 120 sacerdotes tocando trombetas;

d) Atos 1:15 – Um total de 120 discípulos estavam esperando a vinda do Espírito Santo, o que marcou o fim da antiga ordem da religião judaica, dando-nos nova vida no Espírito.

CENTO E QUARENTA E QUATRO (144) – NOIVA, CRIAÇÃO MAIS EXCELENTE DE DEUS

a) 12 x 12 = 144 – A ordem divina (12) vezes a ordem divina (12). Acredito que isso produziria o melhor que Deus tem no tocante à sua criação e propósito;

b) Apocalipse 7:1-8 – Os 144 mil selados - Estes são os filhos de Israel que compõem a noiva de Cristo;

c) Apocalipse 14:1-5 – Os remidos - Este quadro tanto representa a noiva autenticamente como define o seu caráter;

d) Apocalipse 21:9-11,17 – O muro da cidade é de 144 côvados. A cidade também simboliza a noiva, a esposa do Cordeiro, a qual Ele tem esperado desde o princípio.

CENTO E CINQUENTA E TRÊS (153) – AVIVAMENTO E OS FILHOS DE DEUS

a) A expressão "Beni-Ha-Elohim" ou "Filhos de Deus" ocorreu sete vezes no texto hebreu do Antigo Testamento. O valor numérico desta frase é exatamente 153;

b) *João 21:11* – Os discípulos não produziam nada enquanto tentavam pescar sozinhos. Porém, quando o Senhor apareceu, conseguiram pegar um grande número, somando 153. Isso nos diz respeito ao avivamento que se inicia na presença de Jesus.

DUZENTOS (200) – INSUFICIÊNCIA

a) *Josué 7:20-26* – Os 200 siclos de prata de Acã não eram suficientes para salvá-lo da morte;

b) *2 Samuel 14:25-26; 18:9-10* – Os 200 siclos, equivalentes em peso de cabelo de Absalão, não foram o suficiente para livrá-lo;

c) *João 6:7* – Os 200 denários de pão eram insuficientes.

TREZENTOS (300) – OS REMANESCENTES FIÉIS E A LIBERTAÇÃO

a) *Gênesis 6:15* – A Arca de Noé tinha 300 cúbitos de comprimento. Lá, os remanescentes fiéis encontraram a liberdade;

b)   *Juízes 7:1-7; 8:4* – Os 300 homens de Gideão.

SEISCENTOS (600) – GUERRA

a)   *Êxodo 14:5-9* – Faraó tomou 600 carros escolhidos para tentar destruir aos filhos de Israel;

b)   *Juízes 18:11* – Ao todo, 600 soldados da tribo dos danitas foram enviados para capturarem o pais de Laís;

c)   *Juízes 20:46-47* – Também 600 soldados, dentre eles, os de Benjamin, escaparam do massacre.

SEISCENTOS E SESSENTA E SEIS (666) – ANTICRISTO, SATANÁS

a)   *Apocalipse 13:17-18* - O número seis simboliza tanto o homem como Satanás. O AntiCristo é o tríplice do homem e Satanás. É o tríplice da perfeição humana, perversidade humana, orgulho humano, rebelião humana, etc. É o tríplice dos planos de rebelião, blasfêmias, iniquidade de Satanás.

OITOCENTOS E OITENTA E OITO (888) – JESUS

a)   O número total do nome de Jesus é exatamente 888.

UM MIL (1000) –
FRUTIFICAÇÃO PERFEITA, DESCANSO

a) *Apocalipse 20:2-7 – O Reino Milenar (1000 Anos).*

Amarelo: Celebração, Alegria, Glória de Deus, Prosperidade

Ameixa: Riqueza, Abundância, Cheio do Espírito Santo

Azul: Céu, Graça Celeste, Rios de Águas Vivas ou Purificadoras

Branco: Pureza, Santidade, Justiça, Espírito Santo

Bronze, Cobre e Metal: Julgamento

Dourado: Divindade e a Glória de Deus

Laranja: Fogo e Espírito Santo, Louvor

Marrom, Cinza: Arrependimento, Humilhação

Prata: Redenção, Palavra de Deus

Preto: Morte para o "eu"

Rosa: Alegria

Roxo: Realeza, Majestade

Verde: Nova Vida, Florescimento, Renovo, Prosperidade

Vermelho: Sangue, Reconciliação, Sacrifício

Significado dos Toques do Shofar

O Shofar não produz sons delicados como o clarim moderno, a trombeta ou outro instrumento de sopro, mas para os judeus, o shofar não é apenas um instrumento musical. É um instrumento tradicionalmente sagrado.

Ele é um instrumento feito dos chifres de um carneiro e que tem seu nome da raiz hebraica que significa "Beleza", é um dos mais antigos símbolos bíblico e judeu. É tão antigo este instrumento, que a Torah (os cinco primeiros livros de Moisés) declara o seguinte em Êxodo 19:16-19.

"Aconteceu que ao terceiro dia, quando veio a manhã, vieram trovões e relâmpagos, e espessas nuvem sobre o monte, e som de buzina muito forte; e se estremeceu todo o povo que estava no acampamento."

Ao iniciar as festas bíblicas, o Shofar emite o som

diante de todo o povo com o propósito de chamar para reunião. Na festa de *YOM TERUAH*, o Shofar soa com o objetivo de cumprir com o mandamento de escutar o Shofar.

Quando o Shofar é utilizado em guerra espiritual ou nas outras festas bíblicas onde as sequências não estão definidas, mas não seus toques. Ou seja, você pode fazer a sequência como *"TEKIÁ, TERUAH, TEKIÁ"*, ou seja, você pode fazer uma sequência como *"TEKIÁ, SHEVARIM, TERUAH, TEKIÁ"*. Você pode variar e intercalar os três toques tal como dirija Ruah Kadosh (Espírito Santo) e assim produzir sequências proféticas.

1-TOQUE TEKIÁ

O primeiro som do Shofar é Tekiá. Este primeiro som se caracteriza pela emissão de uma nota cumprida que anuncia a Majestade do Senhor e Rei de Israel, aquele que nos deu a promessa do Reino e Sua recompensa aos justos.

O toque nos dá também uma mensagem que relata o ensino bíblico da separação que houve entre o homem e seu Criador.

"Como são mais altos os céus do que a terra, assim meus caminhos mais altos que os vossos caminhos, e Meus pensamentos mais altos que os vossos pensamentos"

Isaías 55:9

Tekiá

TuUUUUUUUUU´U, tocado por uma duração de não menos de nove segundos e não mais de dezoito segundos e deve ser tocado de um só sopro.

2-TOQUE TERUÁH

O segundo som de Shofar, Teruáh, é uma combinação de nove sons curtos que nos chama a despertar do sonho e reflexão profunda de nossas vidas diante do Senhor.

O toque Teruáh, também nos revela o ensino bíblico da dor imensa que sentiu Adonai quando o homem pecou contra Ele. Daí a combinação de nove sons curtos que expressam as lágrimas de Adonai pelo Seu povo ao ser separados pelo pecado.

Teruáh:

"Tu, tu, tu, tu, tu, tu, tu, tu, tu" tocado por nove pequenos sons de uma duração de um segundo cada som e deve ser tocado de um só sopro.

3- TOQUE SHEVARIM

Este terceiro som do Shofar, Shevarim, é uma série média de três sons, que colocados entre os dois primeiros expressam o gozo interior em meio das aflições do mundo, certos de que finalmente o Reino dos céus será implantado em toda a terra. Quando Shevarim é tocado, afirmamos nossa fé no retorno do Messias.

Shevarim:

"TuUUU, Tuuuu, TuUUU", tocado por três sons uniformes, de uma duração de três segundos cada som e deve ser tocado de um só sopro.

Indico a vocês que querem com entendimento tocar o Shofar a adquirir o curso completo "O Shofar- A trombeta bíblica, Rabi Joshua bem Michael Padrón-Shemá Produções". Se vamos fazer algo de nível espiritual temos que fazê-lo com entendimento.

Porém, em muitas dessas situações, na verdade, há uma interpretação incorreta da revelação

Capítulo 13

Falsa Profecia

É comum ouvirmos falar de falsas profecias. Isso se dá quando algo que foi profetizado não é cumprido no tempo e da maneira que foi dito. Porém, em muitas dessas situações, na verdade, há uma interpretação incorreta da revelação. Abaixo, seguem alguns casos que podem ser considerados como errados ou mal interpretados.

Interpretação errada

Pode ser que alguém tenha uma visão, um sonho ou uma impressão e não possua muita clareza daquilo que viu. Isso pode levar essa pessoa a não interpretar corretamente ou não saber dar a devida aplicação. Porém, essa situação não faz com que a revelação seja falsa. É necessário discernimento e diligência para que se interprete da forma certa.

Na Bíblia, existe o caso de um homem de Deus que teve uma interpretação errada de uma revelação. Vejamos:

"Demorando-nos ali alguns dias, desceu da Judéia um profeta chamado Ágabo; e, vindo ter conosco, tomando o cinto de Paulo, ligando com ele os próprios pés e mãos, declarou: Isso diz o Espírito Santo: Assim os judeus, em Jerusalém, farão ao dono deste cinto e o entregarão nas mãos dos gentios. Quando ouvimos estas palavras, tanto nós como os daquele lugar, rogamos a Paulo que não subisse a Jerusalém".

Atos 21:10-12

Ágabo profetizou que os judeus em Jerusalém iriam amarrar Paulo, pelos pés e pelas mãos, e deveriam entregá-lo aos gentios. Entretanto, o que, na realidade, aconteceu foi que os judeus pegaram o apóstolo e estavam a ponto de matá-lo, quando os gentios vieram e o libertaram.

Embora Ágabo tenha confundido um pouco os detalhes, isso não o fez menos homem de Deus e esta ainda era uma profunda revelação profética. Paulo, por sua vez, era homem maduro para não ficar se queixando de seu irmão ou culpando-o por estar naquela situação. O profeta teve uma revelação precisa, com alguns detalhes de menor importância distorcidos na interpretação que ele deu.

Nesse caso de Ágabo, devemos aprender algumas coisas. Primeiramente, é necessário que estejamos muito ligados a Deus, para não tomarmos uma direção errada. No episódio em questão, alguns crentes, irmãos sinceros de Paulo, interpretaram que aquele seria um aviso para que ele não fosse a Jerusalém. Mas, na verdade, era o Pai o preparando para o que iria enfrentar.

Outro ensinamento é que uma palavra mal interpretada não pode substituir as nossas convicções. Muitos anos antes, o apóstolo tinha sido avisado de que iria sofrer pelo Senhor.

"Disse-lhe, porém, o Senhor: Vai, porque este é para mim um vaso escolhido, para levar o meu nome diante dos gentios, dos reis e dos filhos de Israel. E eu lhe mostrarei quanto deve padecer pelo meu nome."

Atos 9:15-16

Sem exageros

> *Por isso, é necessário que quem tenha visto fale exatamente o que viu, sem enfeitar a visão e sem acrescentar nada a ela*

É possível que, por vezes, Deus mostre para um profeta alguns símbolos, aparentemente, sem muito significado. Por isso, é necessário que quem tenha visto fale exatamente o que viu, sem enfeitar a visão e sem acrescentar nada a ela. Quando se conta em detalhes, sem exageros, diminuem-se os riscos de incorrer numa má interpretação.

Caminho correto

> *Se tivermos conhecimento de uma determinada situação, é melhor pedirmos para outro profeta orar e buscar de Deus uma revelação.*

Quando conhecemos um fato específico sobre alguém, um grupo ou um local, é necessário buscarmos discernimento ao profetizar ou, no caso, até evitarmos fazê-lo. Falar daquilo que temos conhecimento em meios naturais pode ser considerada falsa profecia. A verdadeira profecia é aquela que vem de caminhos sobrenaturais. Se tivermos conhecimento de uma determinada situação, é melhor pedirmos para outro profeta orar e buscar de Deus uma revelação.

Coração impuro

> *Ter um caráter irrepreensível é fundamental, pois, na busca de um significado correto das manifestações divinas, o nosso coração tem que ser totalmente do Senhor.*

A clareza e a certeza do que significa uma revelação, normalmente, resultam de um processo. Ele se dá pela interação entre a nossa compreensão dos princípios de interpretação e a nossa sensibilidade ao Espírito Santo. Ter um caráter irrepreensível é fundamental, pois, na busca de um significado correto das manifestações divinas, o nosso coração tem que ser totalmente do Senhor.

Precisamos ter um coração limpo. A Palavra de Deus declara que o nosso coração é enganoso. Não o conhecemos realmente. Por esse motivo, Davi orava constantemente. Estar ligados ao Senhor é o que fará de nós puros e irrepreensíveis.

"Enganoso é o coração, mais do que todas as coisas, e perverso; quem o conhecerá?"

Jeremias 17:9

"Sonda-me, ó Deus, e conhece o meu coração; prova-me e conhece os meus pensamentos. Vê se há em mim algum caminho mau e guia-me pelo caminho eterno."

Salmos 139:23-24

> *O primeiro é quando alguém possui orgulho dentro de si. Isso significa que a pessoa não está bem com Deus e se tornou "não ensinável*

A respeito desse assunto, percebemos, ao longo da caminhada cristã, que temos basicamente dois problemas que envolvem os nossos sentimentos. Há dois erros que podem interferir no entendimento do simbolismo da profecia. O primeiro é quando alguém possui orgulho dentro de si. Isso significa que a pessoa não está bem com Deus e se tornou "não ensinável". Logo, esse pecado a levará a falsas interpretações. O outro caso é quando o nosso coração não está bem em relação aos outros a quem estamos ministrando.

> *Precisamos ter humildade com o Senhor e com os homens e, assim, exercer o nosso ministério com pureza e santidade*

Essas situações que envolvem as nossas emoções são causadas por feridas, amarguras e preconceitos existentes dentro de nós. O nosso coração tem que estar reto perante o Pai e puro perante as pessoas, para que possamos interpretar corretamente as revelações proféticas. Precisamos ter humildade com o Senhor e com os homens e, assim, exercer o nosso ministério com pureza e santidade. Jesus disse que são os puros de coração que verão a Deus.

"Bem-aventurados os limpos de coração, porque eles verão a Deus."

Mateus 5:8

Precisamos pedir a Deus que tire todas as raízes malignas que estejam corrompendo o nosso coração. Todos temos manchas assim em nossos sentimentos, mas precisamos lutar para acabar com elas, permitindo que o Senhor opere em nós. Se, de fato, deixarmos que Ele nos purifique, quando o buscarmos, haverá limpeza e cura em nós.

O processo de cura em nossos sentimentos é extremamente necessário, pois, no exercício do ministério, eles se envolvem naquilo que fazemos

O processo de cura em nossos sentimentos é extremamente necessário, pois, no exercício do ministério, eles se envolvem naquilo que fazemos. Não é difícil incorrermos no erro de ter uma interpretação errada por causa de emoções erradas. Para interpretarmos corretamente uma revelação profética, não precisamos de nossa própria opinião. Precisamos do que está na "mente do Senhor".

Martin Scott[4] escreveu a respeito de algumas das contaminações aqui tratadas. Vou usar os seus conceitos e, assim, construir com você uma linha de pensamento.

---

4. Scott, Martin. Abraçando o Amanhã - Passos para Caminhar nos Dons Proféticos Realizando os Propósitos de Deus. Jehová Shammah Publicações. 2006.

*a) **Opinião:*** É uma forma de orgulho. No dicionário, significa "um juízo formado na mente sobre uma questão";

*b) **Feridas e amarguras:*** São sentimentos negativos que guardamos a respeito de alguém ou de uma circunstância. Elas servem como um muro, que nos impede de vermos o que Deus está dizendo;

*c) **Falta de perdão:*** Quando somos feridos ou ofendidos por alguém e não perdoamos essa pessoa, são criadas feridas. Elas fazem o ofendido tomar um caminho de fácil erro nas interpretações corretas;

*d) **Cobiça, amargura, rebeldia, espírito de religiosidade:*** Todos esses sentimentos são fortalezas, que nos impedem de interpretarmos corretamente. O cobiçoso, o amargurado e o rebelde têm uma visão distorcida das promessas de Deus. O religioso sempre se julga melhor do que o seu irmão. Nos quarto caso, é necessário arrependimento profundo. Caso contrário, essa pessoa será totalmente desqualificada para o ministério profético ou para qualquer outro serviço na obra do Senhor;

*e) **Juízos carnais:*** Fazem parte das nossas opiniões pessoais. Deus não vê as circunstâncias pela nossa ótica. Portanto, os nossos próprios conceitos não interessam na interpretação de uma palavra profética.

pós tudo o que descrevemos, precisamos ter em mente que o desenvolvimento do dom profético e a habilidade para fazermos as devidas interpretações não acontecem da noite pra o dia. É necessário um processo de crescimento e de amadurecimento, o que leva algum tempo. Mesmo que cresçamos em ministrações proféticas, é fundamental que estudemos símbolos e dediquemos tempo com a leitura da Palavra de Deus escrita.

Outro aprendizado é que não podemos forçar ninguém a receber as nossas palavras proféticas. Apenas temos que compartilhá-las, confiando que o Espírito Santo fará a sua parte. A obra é de Deus e é Ele o maior interessado em que ela se cumpra.

É preciso, ainda, construir o nosso altar pessoal. Viver uma vida de relacionamento íntimo com o Senhor é primordial para que sejamos funcionais no nível de percepções proféticas.

Não conseguiremos cumprir o nosso chamado se isso não estiver operando em nós. Se mergulharmos nas águas rasas ou profundas, no Espírito Santo ou mesmo nos dons proféticos, precisaremos nos afastar, a cada momento, das coisas do mundo, olhando para dentro de nós mesmos e nos aproximando de Deus.

* Almeida, João Ferreira de. Bíblia Sagrada. Sociedade Bíblica do Brasil.
* Canção "O Grande Eu Sou". Harpa Cristã.
* Duke, Dan. Manual dos Números Bíblicos. Escritório: Uma Chamada para as Nações. 2002.
* Ferrell, Ana Méndez. Guerra de Alto Nível. Jehová Shammah Publicações. 2004.
* Mike Murdock, A Lei do Reconhecimento. Editora Gospel
* Píton (http://pt.wikipedia.org/wiki/Pitão).
* Scott, Martin. Abraçando o Amanhã – Passos para Caminhar nos Dons Proféticos Realizando os Propósitos de Deus. Jehová Shammah Publicações. 2006.
* Shofar: O Shofar- A trombeta bíblica, Rabi Joshua bem Michael Padrón-Shemá Produções e http://pt.wikipedia.org/wiki/Shofar
* Steve Thompson, Vocês todos podem profetizar!, Guia prático para o Ministério Profético. MCI Editora